T0178813

SÓLO UNA COSA

SÓLO

U
N
A

COSA

DETRÁS DE CUALQUIER ÉXITO
SE ENCUENTRA UNA SENCILLA
Y SORPRENDENTE VERDAD:
ENFÓCATE EN LO ÚNICO

GARY KELLER
JAY PAPASAN

AGUILAR

SÓLO UNA COSA

Título original: *The One Thing* ©

2012, Gary Keller y Jay Papasan

Primera edición: marzo de 2015

© 2015, derechos de edición mundiales en lengua castellana:

Santillana Ediciones Generales, S.A. de C.V., una empresa de
Penguin Random House Grupo Editorial, S.A. de C.V.
Blvd. Miguel de Cervantes Saavedra No. 301 Piso 1
Ampliación Granada, Miguel Hidalgo México,
Ciudad de México, 11529 México

© 2014, por la traducción, Darío Jimenez

www.aguilar.com/mx

Comentarios sobre la edición y el contenido de este libro a:
megustaleer@penguinrandomhouse.com

ISBN: 978-607-11-3696-1

Impreso en Colombia / *Printed in Colombia*

EL QUE PERSIGUE A DOS CONEJOS...

... SE QUEDA SIN NINGUNO.

PROVERBIO RUSO

Índice

I

Sólo una cosa

El 7 de junio de 1991 la Tierra se movió durante 112 minutos. En realidad no se movió, pero a mí me lo pareció.

Estaba viendo la comedia *Perdidos en el Oeste* y las estruendosas carcajadas del público resonaban en la sala de

> «Sé como un sello de correos: pégate a una cosa hasta que llegues a tu destino».
>
> *Josh Billings*

cine. La película, considerada una de las más divertidas de todos los tiempos, está salpicada también de dosis inesperadas de sabiduría y destellos de clarividencia. En una escena memorable, Curly, el vaquero recalcitrante que interpreta el fallecido Jack Palance, y el señorito de ciudad Mitch, interpretado por Billy Crystal, abandonan al resto del grupo para ir en busca de unas reses perdidas. Pese a que han estado chocando durante casi toda la película, al ir cabalgando juntos por fin parece que conectan gracias a una conversación sobre la vida. De repente, Curly tira de las riendas del caballo para detenerse y se vuelve en su silla hacia Mitch.

> CURLY: ¿Sabes cuál es el secreto de la vida?
>
> MITCH: No. ¿Cuál?
>
> CURLY: Esto. [*Levanta un dedo*].
>
> MITCH: ¿El dedo?
>
> CURLY: Una cosa. Sólo una cosa. Si te aferras a ella lo demás no significa una mierda.
>
> MITCH: Eso está bien, pero... ¿cuál es esa cosa?
>
> CURLY: Eso es lo que te toca averiguar.

De boca de un personaje de ficción nos llega el secreto del éxito. Ya fuese porque los guionistas lo sabían o porque se toparon con ello por casualidad, lo que escribieron es la verdad absoluta. Buscar LO ÚNICO es la mejor manera de conseguir aquello que quieres.

Esto no lo asumí hasta mucho tiempo después. Ya había tenido éxito en el pasado, pero hasta que no me di contra un muro no empecé a relacionar los resultados que había conseguido con mi modo de enfocar las cosas. En menos de una década habíamos levantado una empresa boyante con ambiciones nacionales e internacionales, pero de repente las cosas empezaron a no ir bien. Tanta dedicación y trabajo duro hicieron de mi vida un caos y tuve la sensación de que todo se desmoronaba a mi alrededor.

Estaba fracasando.

ALGO TENÍA QUE PASAR

Me vi al final de una cuerda que parecía terminar en un nudo corredizo, así que busqué ayuda y la encontré en forma de un *coach*. Le expliqué con todo detalle mi situación y le conté los retos a los que me enfrentaba, tanto personales como profesionales. Revisamos juntos mis objetivos y la trayectoria que deseaba seguir en la vida. Cuando estuvo bien informado de cuáles eran los problemas, se retiró a buscar respuestas. Se dedicó a investigar exhaustivamente. Cuando volvimos a reunirnos, tenía colgado en la pared un esquema que, básicamente, consistía en un organigrama general de la empresa que dirigía.

Nuestra conversación empezó con una sencilla pregunta: «¿Sabes qué tienes que hacer para que las cosas funcionen?» Yo no tenía ni idea.

Me dijo que sólo tenía que hacer una cosa: él había identificado catorce puestos que necesitaban caras nuevas, y creía que poniendo a los individuos adecuados en esos cargos clave la empresa, mi trabajo y mi vida experimentarían un cambio positivo drástico. Me quedé atónito y le dije que me parecía que iba a hacer falta mucho más que eso.

Me dijo: «No. Jesús necesitó a doce personas y tú necesitarás a catorce».

Aquello me trastocó. Nunca me había planteado que con tan poco se pudiese cambiar tanto. Lo que me quedó claro fue que, por muy centrado que pensé que estaba, no estaba lo suficientemente centrado. Relevar a esas catorce personas era claramente la cosa más seria que se me había planteado. Así que, después de aquella reunión, tomé una gran decisión: me despedí a mí mismo.

Dejé el cargo de director de la empresa e hice de la búsqueda de aquellas catorce personas mi único propósito.

Esa vez sí que se movió la Tierra. En tres años empezamos un periodo de crecimiento sostenido que se mantuvo alrededor de un 40 por ciento durante casi una década. Pasamos de ser un actor regional a convertirnos en uno internacional. Logramos un éxito extraordinario y nunca volvimos la vista atrás.

A medida que sucedían los éxitos, durante el trayecto ocurrió algo: surgió de nuevo el concepto de LO ÚNICO.

Una vez encontrados los catorce nuevos empleados, empecé a trabajar con nuestros directivos, uno a uno, para impulsar su carrera profesional en la empresa. Se convirtió en una costumbre que el final de nuestras reuniones de formación y motivación fuese una recapitulación de las cosas que se comprometían a hacer para nuestra siguiente sesión. Por desgracia, muchos de ellos cumplían bastantes de aquellas promesas, pero no necesariamente las que más importaban. Eso produjo una merma en los resultados, a la que siguió la frustración. De modo que, en un intento de ayudarles a tener éxito, empecé a reducir la lista: «Si puedes hacer sólo tres cosas esta semana... Si puedes hacer sólo dos cosas esta semana...». Al final, desesperado ya, la reduje a lo mínimo posible y les pregunté: «¿Qué es lo único que puedes hacer esta semana y gracias a lo cual todo lo demás resultará más fácil o innecesario?» Y entonces ocurrió algo de lo más sorprendente: los resultados se dispararon.

Después de aquellas experiencias, me dediqué a recordar mis pasados éxitos y fracasos y descubrí un patrón interesante: en los momentos en los que tuve un éxito enorme había centrado mi atención en LO

ÚNICO. Y cuando mi éxito había sido variable, lo mismo había ocurrido con mi atención.

Y se hizo la luz.

SIMPLIFICAR

Si todo el mundo vive las mismas horas cada día, ¿por qué hay gente que parece hacer muchas más cosas que los demás? ¿Cómo logran hacer más, conseguir más, ganar más, tener más? Si el tiempo es la unidad monetaria de los logros, ¿por qué entonces algunos consiguen embolsarse muchas más monedas que otros? La respuesta es que hacen de llegar al corazón mismo de las cosas el núcleo de su estrategia. Simplifican.

Cuando pretendes tener las máximas posibilidades de triunfar en algo, tu estrategia debería ser siempre la misma: simplificar.

«Simplificar» es ignorar todo aquello que podrías hacer y dedicarte a hacer aquello que debes hacer. Consiste en reconocer que no todas las cosas importan igual y en encontrar aquello que más importa. Es una manera de vincular más estrechamente lo que uno hace con lo que uno desea. Se basa en darse cuenta de que obtener resultados extraordinarios viene determinado directamente por cuánto seamos capaces de reducir el objeto de nuestra atención.

La mejor manera de sacarle el máximo provecho a nuestro trabajo y a nuestra vida es estrechar el foco de atención al máximo. La mayoría de la gente piensa que es justo al contrario. Creen que para lograr un gran éxito hace falta mucho tiempo y dedicación y que tiene que ser complicado. Y, en consecuencia, sobrecargan su agenda y sus listas de temas pendientes les superan. El éxito empieza a parecerles algo inalcanzable, así que se conforman con menos. Al no ser conscientes de que el éxito de verdad llega cuando hacemos bien unas pocas cosas, se pierden tratando de hacer demasiadas y al final consiguen muy poco. Con el tiempo bajan el listón, abandonan sus sueños y se ven abocados a una vida pequeña. Ahí es donde se equivocan: al optar por esa pequeñez.

Tenemos un tiempo y una energía limitados, de modo que cuando abarcamos mucho no logramos controlarlo todo. Queremos ir sumando logros, pero de ese modo sólo conseguimos restarlos, no añadirlos. Tendríamos que hacer menos cosas para lograr un efecto mayor en lugar de hacer más cosas con sus correspondientes efectos secundarios. El problema de intentar hacer demasiado es que, aunque funcione, el hecho de ir añadiendo tareas a tu trabajo y a tu vida sin recortar por otro lado conlleva otras muchas contrapartidas negativas: plazos que no se cumplen, resultados decepcionantes, mucho estrés, horas extras, sueño atrasado, mala alimentación, ausencia de ejercicio y pérdida de momentos con la familia y los amigos. Todo ello por ir en pos de algo que es más fácil de conseguir de lo que podrías imaginar.

Simplificar es una estrategia sencilla que da frutos extraordinarios y que funciona. Funciona siempre, en cualquier parte y para cualquier asunto. ¿Por qué? Porque tiene únicamente un objetivo: acabar conduciéndote al punto clave.

Si simplificas al máximo acabarás por centrar tu atención en *LO ÚNICO*. Y ese es el punto clave.

2

El efecto dominó

En Leeuwarden, en los Países Bajos, el 13 de noviembre de 2009, el día del Dominó, la empresa Weijers Domino Productions coordinó el récord mundial de caída de fichas de dominó en cascada al alinear 4.491.863 fichas formando una figura espectacular. En aquella ocasión, una sola ficha puso en movimiento toda una caída sucesiva de fichas de dominó que, de manera acumulativa, generaron más de 94.000 *joules* de energía, que es la energía que necesita un hombre de constitución media para hacer 545 flexiones de brazos.

«Todo gran cambio empieza como las fichas de dominó».

B. J. Thornton

Cada ficha de dominó puesta en pie representa una pequeña cantidad de energía potencial. Cuantas más fichas alinees, más energía potencial acumularás. Si alineas la cantidad suficiente, con un simple toque desatarás una reacción en cadena de sorprendente potencia. Y eso lo demostró Weijers Domino Productions. Cuando una cosa, la adecuada, se pone en movimiento, puede derribar muchas otras cosas. Y eso no es todo.

En 1983, Lorne Whitehead escribió en la revista *American Journal of Physics* que había descubierto que las fichas de dominó no sólo eran capaces de

Fig. 1. Progresión geométrica de fichas de dominó.

derribar muchas cosas, sino también cosas más grandes. Explicó que una sola ficha de dominó puede derribar otra ficha un 50 por ciento mayor.

¿Te das cuenta de lo que significa eso? No sólo se puede ejercer fuerza sobre otras cosas, sino que además se puede hacer con cosas que son cada vez más grandes. En 2001, un físico del Exploratorium de San Francisco reprodujo el experimento de Whitehead y creó ocho fichas de dominó de madera contrachapada, cada una de las cuales era un 50 por ciento mayor que la precedente. La primera medía cinco centímetros, mientras que la última medía casi dos metros. La caída de las fichas empezó con un suave golpecito y acabó enseguida «con un potente estruendo».

Imagina lo que ocurriría si la progresión siguiera. Si una hilera de fichas de dominó constituye una progresión lineal, la de Whitehead podría denominarse progresión geométrica. El resultado desafía nuestra imaginación. La décima ficha sería casi tan alta como el jugador de futbol americano Peyton Manning. Al llegar a la decimoctava, estaríamos mirando una ficha del tamaño de la Torre de Pisa. La ficha vigésimo tercera superaría a la Torre Eiffel y la trigésimo primera sería casi un kilómetro más alta que el Everest. ¡La número 57 mediría prácticamente la distancia que separa a la Tierra de la Luna!

DOMINÓ:
UNA PROGRESIÓN GEOMÉTRICA

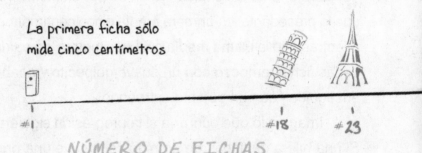

La primera ficha sólo
mide cinco centímetros

ALTURA

#1   #18   #23

NÚMERO DE FICHAS

Fig. 2. Una progresión geométrica es como un tren muy muy largo: arranca a una velocidad demasiado lenta para que se perciba, hasta que alcanza una velocidad que hace imposible pararlo.

OBTENER RESULTADOS EXTRAORDINARIOS

Así que cuando pienses en el éxito, apunta a la Luna. Puedes alcanzar la Luna si priorizas bien y pones toda tu energía en conseguir *LO ÚNICO*. Obtener resultados extraordinarios es como crear un efecto dominó en tu vida.

La ficha número 57 mide casi la distancia que hay de la Tierra a la Luna

La ficha número 31 mide casi un kilómetro más que el Everest

#31

#57

Derribar fichas de dominó es bastante sencillo. Las alineas y le das un toquecito a la primera. En el mundo real, sin embargo, la cosa se complica un poco más. La dificultad reside en que la vida no nos pone todos los elementos alineados y nos dice: «Aquí es donde tienes que empezar». La gente que tiene mucho éxito sabe a lo que se enfrenta, de modo que cada día alinean sus prioridades, identifican la primera ficha de dominó y la golpean hasta que cae.

¿Por qué funciona este sistema? Porque todo éxito extraordinario es secuencial, no simultáneo. Lo que empieza siendo lineal acaba convirtiéndose en geométrico. Haces bien una cosa y después haces bien otra. Con el tiempo se van sumando y se desencadena el potencial geométrico del éxito. El efecto dominó sirve para todo en general, para tu trabajo o tu empresa, y sirve también para ese pequeño momento de cada día en el que tratas de decidir qué es lo siguiente que vas a hacer. El éxito se fundamenta en el éxito y, a medida que esto va ocurriendo una y otra vez, tú vas avanzando hacia un éxito mayor.

Cuando vemos a alguien que tiene muchos conocimientos es porque los ha ido adquiriendo a lo largo del tiempo. Cuando vemos a alguien que tiene muchas habilidades es que las ha ido desarrollando con el tiempo. Cuando vemos a alguien que ha hecho muchas cosas, las ha ido haciendo con el tiempo. Cuando vemos a alguien que tiene mucho dinero, lo ha ganado con el tiempo.

La clave está en ese «con el tiempo». El éxito se construye de manera secuencial. Una cosa tras otra.

3

El éxito nos va dejando pistas

Por todas partes hay pruebas de *LO ÚNICO*. Si las buscas con atención siempre las encontrarás.

«Sólo avanzan en este mundo aquellos que se centran en una cosa cada vez».

Og Mandino

UN PRODUCTO, UN SERVICIO

Las empresas que logran un éxito extraordinario siempre tienen un producto o un servicio por el que son más conocidas o que les proporciona más ingresos. El coronel Sanders fundó KFC con una simple receta de pollo frito. La Adolph Coors Company creció un 1.500 por ciento de 1947 a 1967 con un solo producto, fabricado en una sola planta cervecera. Los microprocesadores generan la inmensa mayoría de los ingresos netos de Intel. ¿Y Starbucks? Creo que poco hay que decir.

La lista de empresas que han obtenido resultados extraordinarios gracias al poder de pensar en LO ÚNICO es infinita. A veces lo que se fabrica o se entrega es también lo que se vende y otras veces no. Mira Google. Su foco son las búsquedas, que posibilitan vender publicidad, lo que constituye la fuente crucial de sus ingresos.

¿Y qué me dices de *Star Wars*? ¿Son LO ÚNICO las películas o el *merchandising*? Si apuestas por el *merchandising*, estás en lo cierto... y a la vez te equivocas. Los ingresos derivados de los juguetes han supuesto recientemente más de 10.000 millones de dólares, mientras que los ingresos combinados de taquilla de las seis películas de la saga han sumado menos de la mitad, 4.300 millones de dólares. Desde mi punto de vista, las películas son para ellos LO ÚNICO, porque son lo que ha posibilitado que existan los juguetes y los demás productos.

La respuesta no está siempre clara, pero hay que buscarla. Las innovaciones tecnológicas, los cambios culturales y las fuerzas competitivas determinarán muchas veces que el factor clave de un negocio evolucione o se transforme. Las empresas más exitosas lo saben y no dejan de preguntarse: «¿Cuál es nuestra idea única?».

Apple es un ejemplo de cómo crear un entorno en el que LO ÚNICO logra existir hasta que se da una transición hacia otra única idea extraordinaria. Desde 1998 hasta 2012, LO ÚNICO de Apple pasó de los Mac al iTunes, de ahí a los iPod, luego a los iPhone y ahora tienen el iPad, peleando por el primer puesto en la línea del producto. Cada vez que un nuevo «producto de oro» acapara todos los focos del escenario, el resto de productos no dejan de fabricarse ni pasan a acumularse en las estanterías de saldos. Esas líneas de producto, junto con otras, siguen evolucionando mientras LO ÚNICO genera un efecto de halo sobre el resto, lo que facilita que el usuario recurra preferentemente a la familia entera de productos de Apple.

Cuando has encontrado LO ÚNICO empiezas a ver el mundo de los negocios de forma distinta. Si tu empresa no sabe hoy cuál es su idea única, entonces LO ÚNICO de tu empresa será precisamente averiguarlo.

UNA PERSONA

El de LO ÚNICO es un concepto dominante que se muestra de formas diversas. Si tomas el concepto y lo aplicas a la gente, verás que una persona única puede marcar la diferencia. En sus primeros años de universidad, Walt Disney asistió a cursos nocturnos en el Chicago Art Institute y se convirtió en el caricaturista del periódico de su facultad. Después de licenciarse quiso ser dibujante de prensa, pero no encontró trabajo, así que su hermano Roy, empresario y banquero, le buscó un puesto en un estudio artístico. Allí fue donde aprendió animación y empezó a crear sus dibujos animados. Cuando Walt era joven, su persona única fue Roy.

Para Sam Walton, esa persona fue al principio L. S. Robson, su suegro, quien le prestó los 20.000 dólares que necesitaba para abrir su primera tienda, una franquicia de Ben Franklin. Más tarde, cuando Sam abrió su primer Wal-Mart, Robson pagó en secreto otros 20.000 dólares al propietario del terreno para conseguir un arrendamiento que fue crucial para su expansión.

Albert Einstein tuvo a Max Talmud, que fue su primer mentor. Fue Max quien acercó a Einstein, cuando este tenía diez años, a los textos clave de las matemáticas, las ciencias y la filosofía. Max fue a comer una vez por semana con la familia Einstein durante seis años mientras guiaba al joven Albert.

Nadie se hace a sí mismo.

Oprah Winfrey atribuye «su salvación» a su padre y al tiempo que pasó con él y con su esposa. Le dijo a Jill Nelson, de *The Washington Post Magazine*: «Si no me hubieran enviado con mi padre, mi vida habría tomado otra dirección». En lo profesional, todo empezó con Jeffrey D. Jacobs, el «abogado, agente, gestor y asesor fiscal» que, cuando Oprah buscaba asesoramiento sobre un contrato de trabajo, la persuadió para que fundara su propia empresa en lugar de vender su talento a otros. De ahí nació Harpo Productions, Inc.

> «Sólo puede haber una cosa de la máxima importancia. Muchas cosas pueden ser importantes, pero sólo una es la más importante».
>
> *Ross Garber*

Todo el mundo sabe de la influencia mutua que John Lennon y Paul McCartney tuvieron en sus respectivos éxitos como cantantes y compositores, pero en el estudio de grabación estaba también George Martin, considerado uno de los mayores productores musicales de todos los tiempos. A George se le ha llamado muchas veces «el quinto Beatle», por su profunda implicación en los primeros álbumes de la banda. La pericia musical de Martin contribuyó a rellenar la brecha que había entre el talento en bruto de los Beatles y el sonido que querían conseguir. La mayoría de los arreglos orquestales y la instrumentación de los Beatles, así como numerosos fragmentos de teclados de sus primeros discos fueron escritos o interpretados por Martin en colaboración con la banda.

Todos tenemos una persona que lo significa todo para nosotros o que fue el primero que nos influyó, nos formó o nos dirigió.

Nadie logra el éxito solo. Nadie.

UNA PASIÓN, UNA HABILIDAD

«Debes ser resuelto. Ve por lo único por lo que hayas decidido ir».

General George S. Patton

Si buscas en cualquier historia exitosa verás que siempre hay una única idea detrás. Aparece en la trayectoria de cualquier negocio de éxito y en la vida profesional de cualquiera que haya triunfado. También aparece en relación con las pasiones y las habilidades personales. Todos tenemos pasiones y habilidades, pero en las personas que han triunfado de manera extraordinaria hay una emoción intensa o una habilidad aprendida que destaca, que los define o que los impulsa más que cualquier otra cosa.

En ocasiones, la línea que separa una pasión y una habilidad puede estar muy difuminada. Eso es porque casi siempre están relacionadas. Pat Matthews, uno de los pintores impresionistas norteamericanos más importantes, dice que convirtió su pasión por la pintura en una habilidad y, finalmente, en una profesión, por el simple hecho de pintar cuadros todos los días. Angelo Amorico, el guía turístico de mayor éxito de Italia, afirma que desarrolló sus habilidades y, en definitiva, su negocio, a partir de la pasión que siente por su país y del profundo deseo de compartirla con los demás. Éste es el hilo conductor de las grandes historias de éxito. La pasión por algo conduce a pasar un tiempo desproporcionado practicándolo o trabajando en ello. Ese tiempo dedicado acaba transformándose en habilidad y, cuando esa habilidad mejora, los resultados también mejoran. Unos mejores resultados suelen generar un mayor disfrute, lo que deriva en invertir más pasión y más tiempo en ello. Esto puede dar lugar a un círculo virtuoso que conduzca a obtener resultados extraordinarios.

Si Gilbert Tuhabonye tiene una pasión, es correr. Gilbert es un mediofondista estadounidense nacido en Songa, Burundi, cuyo temprano amor por la pista de atletismo le llevó a ganar el Campeonato Nacional de Burundi en las categorías masculinas de 400 y 800 metros cuando no era más que un juvenil en la escuela. Su pasión contribuyó a salvarle la vida.

El 21 de octubre de 1993, miembros de la tribu hutu invadieron la escuela de Gilbert y capturaron a los alumnos de la tribu tutsi. A los que no mataron de inmediato los apalearon y los quemaron vivos en un edificio cercano. Después de pasar nueve horas enterrado bajo cadáveres humeantes, Gilbert consiguió escapar de sus captores y ponerse a salvo en un hospital próximo. Fue el único superviviente.

Llegó a Texas y siguió compitiendo y puliendo sus habilidades. Reclutado por la Abilene Christian University, Gilbert estuvo seis veces en el equipo de All-America. Después de licenciarse se mudó a Austin, donde es de hecho el entrenador de atletismo más popular de la ciudad. Con el objetivo de excavar pozos de agua en Burundi, cofundó la Gazelle Foundation, cuya principal fuente de financiación es —no te lo pierdas— «Run for the Water», una carrera benéfica que se celebra por las calles de Austin. ¿Ves cuál es el motivo recurrente que va apareciendo a lo largo de su vida?

De competidor a superviviente, de la carrera universitaria a la profesional y de ahí a una organización benéfica, la pasión de Gilbert por correr se convirtió en una habilidad que le llevó a una profesión que, a su vez, le dio la oportunidad de devolver algo al mundo. La sonrisa con la que saluda a los que corren como él por el circuito que rodea el Lady Bird Lake de Austin simboliza cómo una pasión puede convertirse en una habilidad, y cómo juntas pueden impulsar y definir una vida extraordinaria.

LO ÚNICO aparece una y otra vez en la vida de la gente que tiene éxito porque es una verdad fundamental. Apareció en mi vida y, si te dejas, aparecerá también en la tuya. Aplicar la idea de LO ÚNICO a tu trabajo —y a tu vida— es lo más sencillo e inteligente que puedes hacer para impulsarte hacia el éxito que deseas.

UNA VIDA

Si tuviera que escoger un ejemplo de alguien que se ha servido de LO ÚNICO para construir una vida extraordinaria, sería el del empresario estadounidense Bill Gates. La única pasión de Bill en la escuela eran las computadoras, lo que lo llevó a desarrollar una habilidad: la programación informática. Cuando aún iba a la escuela, conoció a una persona, Paul Allen, que le dio su primer trabajo y se convirtió en su socio cuando fundó Microsoft. Eso ocurrió a consecuencia de haberle enviado una carta a una persona, Ed Roberts, que cambió sus vidas para siempre al darles la oportunidad de escribir el código para una computadora, el Altair

800. Y sólo les hizo falta esa oportunidad. Microsoft inició su andadura llevando a cabo una única idea: desarrollar y vender el código BASIC del Altair 800, lo que finalmente acabaría haciendo de Bill Gates el hombre más rico del mundo durante quince años consecutivos. Cuando se retiró de Microsoft, Bill escogió a una persona para que lo sustituyera como CEO: Steve Ballmer, al que había conocido en la facultad. Por cierto, Steve fue el trigésimo empleado que contrató Bill para Microsoft pero el primero con el cargo de gerente. Y la historia no termina aquí.

Bill y Melinda Gates decidieron poner su fortuna al servicio de mejorar el mundo. Guiados por la creencia de que toda vida tiene igual valor, crearon una fundación con una idea única: abordar «problemas verdaderamente difíciles» como la salud y la educación. Desde sus comienzos, la mayoría de las ayudas de la fundación se han destinado a un área, el Programa de Salud Mundial de Bill y Melinda. El objetivo único de este ambicioso programa es aprovechar los avances científicos y tecnológicos para salvar vidas en los países más pobres. Para ello acabaron centrándose en una única idea: dedicar su vida a erradicar las enfermedades infecciosas como principal causa de mortalidad. En un determinado momento de ese viaje, tomaron la decisión de centrarse en LO ÚNICO para lograr ese objetivo: las vacunas. Bill explicó esa decisión afirmando: «Teníamos que escoger qué instrumento iba a causar mayor impacto... La herramienta mágica de la intervención sanitaria son las vacunas, porque se pueden elaborar casi sin costo alguno». Sus preguntas los llevaron por este camino desde que Melinda se cuestionó: «¿Dónde puede el dinero causar un impacto mayor?» Bill y Melinda Gates son la prueba viviente del poder de ir tras LO ÚNICO.

UNA COSA

Se han abierto de par en par las puertas del mundo, y la vista que ofrecen es asombrosa. La tecnología y la innovación hacen proliferar las oportunidades, y las posibilidades se nos antojan infinitas. Esto, por muy inspirador que sea, puede ser también abrumador. La consecuencia no intencionada de tanta abundancia es que nos vemos bombardeados por más información y opciones en un día de la que recibían nuestros antepasados a lo largo de toda su vida. Agobiados y apresurados, en estos tiempos nos persigue una molesta sensación de que tratamos de abarcar demasiado y logramos demasiado poco.

Percibimos de manera intuitiva que el camino al más pasa por el menos, pero nos preguntamos: ¿por dónde empezar?, ¿cómo escoger de entre todo lo que la vida nos ofrece?, ¿cómo tomar las mejores decisiones posibles, experimentar la vida a un nivel extraordinario y no mirar nunca atrás?

Vive para LO ÚNICO.

Lo que sabía Curly lo saben todos los que tienen éxito. En el concepto de LO ÚNICO radica el secreto del éxito y es el punto de partida para obtener resultados extraordinarios. Se trata de una gran idea sobre el éxito, basada en la investigación y en la experiencia personal, que viene empaquetada en un envoltorio sorprendentemente sencillo. Explicarla es fácil, pero asimilarla puede resultar complicado.

Así que, antes de que empecemos a hablar con franqueza y de corazón sobre cómo funciona en realidad LO ÚNICO, me gustaría abordar de manera abierta los mitos y la desinformación que nos impiden aceptar la idea. Se trata de las mentiras sobre el éxito.

Una vez que hayamos logrado desterrarlas de nuestra mente, podremos asumir la idea de LO ÚNICO con una mentalidad abierta y con el camino despejado.

LAS MENTIRAS
NOS CONFUNDEN
Y NOS DISTRAEN

EL PROBLEMA DE LA «PSEUDOVEROSIMILITUD»

> «Lo que te causa problemas no es aquello que no sabes. Es aquello que das por cierto, que no lo es».
>
> *Mark Twain*

En 2003, Merriam-Webster empezó a analizar las búsquedas en su diccionario *online* para determinar cuál era la «Palabra del año». La idea era que, dado que las búsquedas *online* de palabras revelan aquello que tenemos en mente de manera colectiva, entonces la palabra más buscada debería responder al espíritu de nuestro tiempo. Y apareció la primera ganadora. Justo después de la invasión de Irak, al parecer todo el mundo quería saber qué significaba realmente «democracia». El año siguiente encabezó la lista «blog», una palabrita inventada que describía una nueva forma de comunicación. Después de todos los escándalos políticos de 2005, los máximos honores se los llevó el término «integridad».

Luego, en 2006, Merriam-Webster le dio una vuelta más a la tuerca. Los visitantes de su web podían nominar palabras candidatas y después votar a la «Palabra del año». Podría decirse que fue un intento de darle un toque cualitativo a un ejercicio que era cuantitativo, pero también podría calificarse sencillamente de buen marketing. La palabra ganadora, por una victoria aplastante de cinco a uno, fue «truthiness»*, un término acuñado por el cómico televisivo Stephen Colbert y que definió como «una verdad que procede de las tripas, no de los libros» en el primer episodio de su programa *The Colbert Report*, de Comedy Central. En una era de la información caracterizada por recibir noticias las veinticuatro horas, por los vociferantes tertulianos de la radio y por los blogs cuyos textos carecen de toda edición, esa «pseudoverosimilitud» comprende todas las falsedades accidentales, incidentales e incluso intencionadas que sencillamen-

---

* *Truthiness:* Palabra inglesa de cuño reciente, que sería algo así como «pseudoverosimilitud», cualidad de algo que se da por cierto sin aportar pruebas, creíble sólo porque se desea que sea cierto. *(N. del T.)*

te suenan lo bastante «verosímiles» para que las demos por ciertas.

El problema es que tendemos a actuar a partir de aquello que creemos incluso cuando no deberíamos creerlo. En consecuencia, se nos hace difícil asimilar el concepto de LO ÚNICO porque ya nos hemos tragado demasiadas cosas más. Y con frecuencia esas «otras cosas» nos nublan la mente, confunden nuestros actos y nos apartan del éxito.

La vida es muy breve para andar persiguiendo quimeras. Es demasiado valiosa para confiar en una pata de conejo de la suerte. Las soluciones reales que andamos buscando se ocultan casi siempre a simple vista. Por desgracia, suelen estar enterradas bajo una increíble cantidad de patrañas, una sorprendente marea de «sentido común» que acaba siendo sólo una tontería. ¿Has oído a tu jefe recurrir alguna vez a la metáfora de la rana y el agua hirviendo? («Si metes una rana en agua hirviendo saldrá de ella de un brinco. Pero si la metes en agua tibia y subes poco a poco la temperatura, se cocerá hasta morir»). Es una mentira, una mentira muy verosímil, pero una mentira al fin y al cabo. Hay un dicho muy extendido en muchos países que reza «El pescado empieza a pudrirse por la cabeza». Mentira podrida. ¿Alguna vez has escuchado la historia de que el conquistador Hernán Cortés quemó sus naves al llegar a las Américas para motivar a sus hombres? No es cierto. Otra mentira. Otro dicho famoso en el mundo de la inversión financiera: «Apuesta por el jinete, no por el caballo», en el sentido de depositar la confianza en el liderazgo de determinada empresa. Sin embargo, como estrategia apostadora, esta máxima te llevará de cabeza a la ruina, lo que le hace a uno preguntarse cómo diantres llegó a convertirse en máxima, para empezar. Con el paso del tiempo son tantos los mitos y las falsas verdades que han aparecido, que acaban por volverse familiares y empiezan a sonar como ciertos.

Y luego empezamos a tomar decisiones importantes basándonos en ellos.

El desafío al que todos nos enfrentamos a la hora de elaborar nuestras estrategias de éxito consiste en que, al igual que ocurre con las historias de ranas, pescados, exploradores y jinetes, el éxito viene también acompañado de sus correspondientes mentiras. «Tengo demasiadas cosas que hacer», «Avanzaré más si hago varias cosas a la vez», «Tengo que ser más disciplinado», «Debería poder hacer lo que quiero y cuando quiero», «Necesito más equilibrio en mi vida», «Tal vez no debería pensar tan a lo grande». Si te repites estas reflexiones una y otra vez, acaban por convertirse en las seis mentiras sobre el éxito que te impedirán vivir según el concepto de LO ÚNICO.

LAS SEIS MENTIRAS QUE SE INTERPONEN ENTRE EL ÉXITO Y TÚ

1. Todas las cosas importan por igual
2. La multitarea
3. Una vida disciplinada
4. La fuerza de voluntad está siempre disponible
5. Una vida equilibrada
6. Lo grande es malo

Las seis mentiras son creencias que se nos meten en la cabeza y pasan a ser principios de actuación que nos llevan por un camino erróneo. Autopistas que acaban convirtiéndose en caminos rurales. Un oro que acaba por ser chatarra reluciente. Si lo que pretendemos es sacar el máximo partido de nuestras posibilidades, tendremos que asegurarnos de que nos libramos de estas mentiras.

4

Todas las cosas importan por igual

La igualdad es un loable ideal que buscamos en nombre de la justicia y de los derechos humanos. No obstante, en el mundo real de los resultados, las cosas nunca son iguales. Puntúe como puntúe un profesor, dos alumnos nunca serán iguales. Por muy justo que intente ser un árbitro, no hay dos competidores iguales. No importa cuánto talento tengan las personas, no habrá nunca dos iguales. Dos y dos son igual a cuatro y a la gente debe tratársela con igual justicia, pero en el mundo del éxito no todo importa por igual.

> «Las cosas que más importan nunca deben estar a merced de las que menos importan».
>
> *Johann Wolfgang von Goethe*

La igualdad es una mentira.

Comprenderlo es la base de todas las grandes decisiones.

¿Cómo decidimos? Cuando tenemos muchas cosas que hacer en el día, ¿cómo decidimos qué hacer primero? De niños, casi siempre hacemos lo que hay que hacer cuando llega el momento de hacerlo: *Es hora de desayunar, de ir a la escuela, de hacer los deberes, de bañarse, de irse a la cama.* Más adelante, a medida que crecemos, se nos otorga cierto grado de elección: *Puedes salir a jugar siempre que hayas hecho todos los deberes antes de la cena.* Luego, ya de adultos, todo se convierte en optativo. Todo pasa a estar sujeto a nuestra elección. Y, cuando son nuestras decisiones las que determinan nuestra vida, entonces la pregunta crucial es: ¿cómo tomamos la decisión correcta?

Y, para complicar aún más las cosas, cuanto mayores nos hacemos más va creciendo también la pila de cosas que pensamos que «hay que hacer». Estamos sobrecargados, sobrepasados, comprometidos en exceso. Nuestro estado colectivo es el de una agobiante extenuación.

Es entonces cuando la pelea por ver qué cosa tiene preferencia se pone peliaguda y frenética. Al carecer de una fórmula clara para tomar decisiones, nos ponemos a la defensiva y optamos por técnicas cómodas y familiares para decidir qué hacer. Por consiguiente, seleccionamos estrategias al azar que socavan nuestro éxito. Rebotando de un lado al otro todo el día como un aturdido personaje de película de terror de serie B, acabamos por huir escaleras arriba en lugar de escapar por la puerta, que sería lo lógico. Cambiamos la mejor decisión por una decisión cualquiera, de modo que lo que debería ser un progreso se convierte en una trampa.

> «Las cosas de mayor importancia no siempre son las más llamativas».
>
> *Bob Hawke*

Cuando todo nos parece urgente e importante, todo nos parece igual. Estaremos muy activos y atareados, pero eso no necesariamente nos acerca al éxito. La actividad muchas veces no tiene nada que ver con la productividad, y estar atareado rara vez tiene que ver con hacer una tarea con eficacia.

Como dijo Henry David Thoreau: «Con estar atareado no basta. Las hormigas lo están. La cuestión es: ¿ocupados en qué?». Dejarse el alma para cumplir mil tareas por cualquier motivo es un mal sustituto de hacer una sola tarea que tenga algún significado. No todo importa por igual, y el éxito no es un juego que gana quien hace más cosas. Pero así es como la mayoría juega a diario.

MUCHO RUIDO PENDIENTE Y POCAS NUECES

La lista de cosas pendientes es un elemento recurrente en el sector de la «gestión del tiempo y del éxito». Todos esos deseos propios y ajenos que nos sobrevuelan sin cesar los vamos apuntando de manera compulsiva en pedazos de papel cuando tenemos un momento de lucidez o bien los vamos convirtiendo metódicamente en listas en algún cuaderno. Las agendas y los calendarios reservan un valioso espacio para las listas diarias, semanales y mensuales de cosas pendientes. Cada vez hay más aplicaciones de teléfono móvil para confeccionar listas y los programas informáticos ya las incluyen en sus menús. Da la impresión de que cada vez que volvemos una esquina algo nos anima a hacer listas. Pero, aunque las listas tienen mucho de valioso, también cuentan con su lado oscuro.

Pese a que las listas de cosas pendientes nos sirven como una buena recopilación de nuestras mejores intenciones, también nos tiranizan por nos vemos obligados a hacer cosas triviales y carentes de importancia... por el único motivo de que están en nuestra lista. Por eso casi todos tenemos una relación de amor-odio con nuestras listas de cosas pendientes. Si las dejamos, nos marcarán las prioridades de mismo modo en que lo hace la bandeja de entrada del correo electrónico. La mayoría de las bandejas de entrada rebosan de correos sin importancia disfrazados de prioritarios. Acometer esas tareas en el orden en que nos van llegando es como ir poniendo parches en vez de arreglar las cosas. Pero, como muy acertadamente observó el primer ministro de Australia Bob Hawke: «Las cosas de mayor importancia no siempre son las más llamativas».

Los triunfadores actúan de otro modo. Tienen ojo clínico para detectar lo esencial. Se detienen lo justo para decidir qué es lo que importa y luego dejan que lo que importa guíe su vida. Los triunfadores hacen antes lo que otros dejan para más tarde y posponen, incluso a veces indefinidamente, cosas que los demás hacen antes. La diferencia no está en la intención, sino en la prioridad de paso. Los triunfadores siempre avanzan partiendo de un sentido claro de lo que es prioritario.

Una lista de cosas pendientes, si la consideramos en su estado más básico, como un mero inventario, nos puede llevar fácilmente a la deriva. Una lista no es sino las cosas que crees que tienes que hacer, y el primer elemento de la lista no es más que la primera cosa en la que pensaste al redactarla. Las listas de cosas pendientes carecen de manera inherente de todo propósito de éxito. De hecho, la mayoría de ellas no son sino listas de supervivencia: sirven para ir tirando por los días y por la vida, pero no hacen que cada día sea un peldaño para subir al siguiente y construir de ese modo una vida de ascenso hacia el éxito. Las horas extra dedicadas a ir tachando cosas de una lista para finalizar el día con una papelera llena y una mesa de trabajo pulcra y ordenada no tienen nada de virtuoso ni nada que ver con el éxito. En lugar de una lista de cosas pendientes, lo que necesitas es una lista de éxitos: una lista de resultados extraordinarios creada de manera deliberada.

Las listas de cosas pendientes tienden a ser largas, las listas de éxitos son cortas. Una te empuja en todas direcciones, la otra te dirige hacia una dirección concreta. Una es un directorio desorganizado y la otra es una directriz nítida. Si una lista no se ha elaborado pensando en el éxito, no te llevará hasta él. Si tu lista de cosas pendientes lo contiene todo, lo más probable es que te lleve a todas partes menos a donde de verdad quieres llegar.

¿Y cómo logra un triunfador convertir una lista de cosas pendientes en una lista de éxitos? Siendo tantas las cosas que uno puede hacer, ¿cómo decides qué es lo que más importa en cada momento de cada día?

No tienes más que seguir el ejemplo de Juran.

JURAN DESCIFRA EL CÓDIGO

A finales de la década de 1930, un grupo de directivos de General Motors hizo un intrigante descubrimiento que abrió las puertas a un asombroso avance. Uno de sus lectores de tarjetas (los dispositivos de entrada de las primeras computadoras) empezó a producir textos ininteligibles. Al investigar en la máquina averiada dieron con un sistema para codificar mensajes secretos. En aquel momento aquello fue algo grande. Desde que en la Primera Guerra Mundial aparecieran las infames máquinas de cifrado Enigma alemanas, tanto el cifrado como el descifrado de códigos fueron objeto de la máxima seguridad nacional e incluso de una curiosidad pública todavía mayor. Los directivos de GM no tardaron en convencerse de que su cifrado accidental era indescifrable. Un hombre, un asesor de Western Electric que estaba de visita, discrepó. Aceptó el reto de descifrar el código. Trabajó toda la noche y sobre las tres de la madrugada ya lo había descifrado. Se llamaba Joseph M. Juran.

Más adelante, Juran declararía que este incidente fue el punto de partida para descifrar un código más complejo todavía y hacer una de sus mayores contribuciones a la ciencia y a los negocios. Como resultado de su éxito descifrando aquel código, un ejecutivo de GM lo invitó a revisar las investigaciones sobre gestión de calidad que seguían una fórmula escrita por un economista italiano poco conocido, Vilfredo Pareto. En el siglo XIX, Pareto había descrito un modelo matemático de la distribución de ingresos en Italia por el que afirmaba que el 80 por ciento de la tierra era propiedad del 20 por ciento de la población. La riqueza no estaba bien distribuida. De hecho, según Pareto, en realidad la riqueza se concentraba de manera sumamente predecible. Juran, pionero en la gestión del control de calidad, había advertido que un puñado de errores solían generar la mayoría de los defectos. Este desequilibrio no sólo le pareció cierto según su experiencia, sino que sospechó que podría ser incluso una verdad universal, y que lo que Pareto había observado podría ser algo mucho más trascendente de lo que aquel jamás imaginó.

Cuando escribía su primer libro, *Quality Control Handbook* (Manual de control de calidad), Juran buscó darle un nombre más breve a su concepto de «los pocos vitales y los muchos triviales». Una de las numerosas ilustraciones de su manuscrito muestra la leyenda: «Principio de Pareto de la distribución desigual...». Mientras que otro podría haberlo llamado la regla de Juran, él optó por denominarlo principio de Pareto.

Resultó que el principio de Pareto es tan real como la ley de la gravedad, y sin embargo mucha gente no logra ver su importancia. No se trata de una simple teoría: es una certeza de la naturaleza demostrable y predecible y una de las mayores verdades sobre la productividad jamás descubiertas. Richard Koch, en su libro *El principio del 80/20*, definió esta regla como nadie: «El principio del 80/20 afirma que una minoría de causas, contribuciones o esfuerzos suele provocar una mayoría de resultados, rendimientos o productos». Dicho de otro modo, en el mundo del éxito, las cosas no son iguales. Una pequeña cantidad de causas genera la mayoría de los resultados. La contribución adecuada provoca la mayoría de los rendimientos. Un esfuerzo escogido genera casi todas las recompensas.

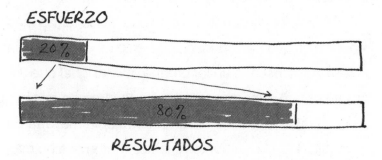

Fig. 3. El principio del 80/20 nos dice que una minoría de esfuerzos conduce a la mayoría de los resultados.

Pareto apunta en una dirección muy clara: la mayor parte de lo que uno desea será producto de una parte mínima de lo que uno hace. Los resultados extraordinarios son fruto, de una manera desproporcionada, de muchas menos acciones de lo que la mayoría creemos.

Tampoco hay que obsesionarse con los números. La verdad de Pareto tiene que ver con la desigualdad y, aunque se le suele atribuir un porcentaje de 80/20, puede adoptar diversas proporciones. En función de las circunstancias, puede llegar fácilmente a ser de un 90/20, en el que el 90 por ciento de tu éxito viene del 20 por ciento de tu esfuerzo. O del 70/10, o del 65/5. Pero hay que comprender que todos estos porcentajes funcionan esencialmente a partir del mismo principio. La gran aportación de Juran fue que no todo importa por igual, que hay cosas que importan más que otras, mucho más. Una lista de cosas pendientes se convierte en una lista de éxitos cuando se le aplica el principio de Pareto.

El principio del 80/20 ha sido una de las reglas más importantes que han conducido al éxito de mi trayectoria profesional. Describe un fenómeno que, al igual que Juran, he observado una y otra vez a lo largo de mi vida. Unas cuantas ideas me hicieron obtener la mayoría de los resultados. Unos cuantos clientes fueron mucho más valiosos que otros, un reducido grupo de personas generó la mayor parte de mis negocios y un puñado de inversiones dieron como fruto la mayor parte del dinero que gané. Mirara a donde mirara, allí estaba el concepto de distribución desigual. Cuanto más aparecía, más atención le fui prestando... y cuanta más atención le prestaba, más iba apareciendo. Al final dejé de pensar que era una coincidencia y empecé a aplicarlo como el principio absoluto del éxito que es en realidad, no sólo en mi vida, sino también al trabajar con los demás. Y los resultados que obtuve fueron extraordinarios.

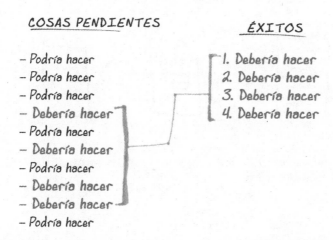

COSAS PENDIENTES

ÉXITOS

– Podría hacer
– Podría hacer
– Podría hacer
– Debería hacer
– Podría hacer
– Debería hacer
– Podría hacer
– Debería hacer
– Debería hacer
– Podría hacer

1. Debería hacer
2. Debería hacer
3. Debería hacer
4. Debería hacer

Fig. 4. Una lista de temas pendientes se convierte en una lista de éxitos cuando priorizas.

PARETO AL LÍMITE

Pareto demuestra todo esto que estoy contando..., pero tiene un problema. No llega lo suficientemente lejos.

Y yo quiero que vayas más allá. Quiero que lleves el principio de Pareto hasta el límite. Quiero que lo reduzcas todo hasta identificar ese 20 por ciento y que luego sigas reduciéndolo hasta encontrar la esencia fundamental de la esencia fundamental. La regla del 80/20 es el principio, pero no la meta del éxito. Tienes que terminar lo que empezó Pareto. Alcanzar el éxito exige seguir el principio del 80/20, pero no tienes que detenerte ahí.

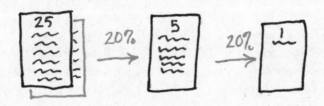

Fig. 5. No importa con cuántas cosas pendientes empieces: siempre puedes reducirlas a una.

Sigue avanzando. Puedes llegar a tomar el 20 por ciento del 20 por ciento del 20 por ciento y seguir reduciendo hasta que llegues a *LO ÚNICO* importante (ver figura 5). Da igual cuál sea la tarea, la misión o el objetivo. No importa que sea algo grande o pequeño. Empieza con una lista lo larga que quieras, pero hazlo con la mentalidad de ir eliminando cosas hasta reducir la lista a unas pocas cosas cruciales y no te detengas hasta que termines quedándote con una única idea esencial. La única idea imperativa. *LO ÚNICO*.

En 2001 convoqué una reunión de nuestros principales directivos. Por muy rápido que estuvieramos creciendo, no teníamos el reconocimiento de las principales figuras de nuestro sector. Propuse a nuestro grupo hacer una tormenta de ideas para ver si se les ocurrían cien maneras de darle la vuelta a la situación. Tardamos un día entero en redactar la lista. A la mañana siguiente nos dedicamos a reducir la lista a diez ideas, y a partir de ahí escogimos una sola gran idea. La idea por la que nos decidimos fue la de que yo escribiera un libro sobre cómo convertirse en un actor de primer nivel en nuestro sector. Y funcionó. Ocho años más tarde, no sólo aquel libro se había convertido en un superventas en el país, sino que había dado paso a una serie de libros cuyas ventas totales ascendían a más de un millón de ejemplares. En un sector que emplea alrededor de un millón de personas, aplicar *LO ÚNICO* cambió nuestra imagen para siempre.

Ahora, vuelve a sacar las cuentas. Una idea de cien. Eso es llevar el principio de Pareto al límite. Eso es pensar a lo grande pero reducir el concepto al mínimo. Eso es aplicar la idea de *LO ÚNICO* a un desafío empresarial de una manera verdaderamente potente.

Pero esto no es aplicable sólo a los negocios. El día que cumplí cuarenta años empecé a aprender a tocar la guitarra y no tardé en descubrir que sólo podía dedicar veinte minutos diarios a practicar. No era mucho, así que me di cuenta de que tenía que limitar mucho lo que aprendía. Le pedí consejo a mi amigo Eric Johnson (uno de los mejores guitarristas que hay). Eric me dijo que, si sólo podía hacer una cosa, entonces tenía que practicar las escalas. De modo que seguí su consejo y opté por la escala menor de blues. Lo que descubrí fue que si aprendía aquella escala podría tocar muchos de los solos de grandes guitarristas clásicos del rock, desde Eric Clapton a Billy Gibbons e incluso, tal vez algún día, del propio Eric Johnson. Aquella escala se convirtió en *LO ÚNICO* en relación con la guitarra y me abrió las puertas del mundo del rock'n'roll.

Descubrirás esta desigualdad entre esfuerzo y resultados en todas las facetas de tu vida con sólo buscarla. Y la aplicación de este principio te abrirá las puertas del éxito en cualquier asunto importante donde lo busques. Siempre habrá unas cuantas cosas que importen más que las demás. Y, entre ellas, habrá una que será la más importante. Asimilar este concepto es como si te diesen una brújula mágica. Puedes recurrir a él siempre que te encuentres perdido o falto de orientación para averiguar qué es lo que más importa.

1. **Simplifica.** No te centres en estar ocupado, sino en ser productivo. Deja que aquello que más importa dirija tus pasos.

2. **Llega hasta el fondo.** Una vez hayas averiguado qué es lo que importa, sigue preguntándote qué es lo que más importa hasta que no quede más que *LO ÚNICO*. Pon esa actividad crucial en el primer puesto de tu lista de éxitos.

3. **Di que no.** Ya optes por decir «más tarde» o «nunca», la cuestión es decir «ahora no» a cualquier otra cosa hasta que hayas concluido tu tarea más importante.

4. **No caigas en la trampa de ir tachando la lista en orden.** Si creemos que las cosas no importan todas por igual, deberemos actuar en consecuencia. No podemos dejarnos engañar por la idea de que tenemos que hacerlo todo, de que ir tachando elementos de nuestra lista nos llevará al éxito. No debemos caer en el juego de ir tachando cosas y que ninguna sea la importante. La verdad es que las cosas no importan por igual y que el éxito lo hallaremos haciendo aquello que más importa.

A veces es la primera cosa que haces. A veces es *LO ÚNICO* que haces. Sea como sea, hacer lo más importante es siempre lo más importante.

5
La multitarea

Así pues, si hacer lo más importante es lo más importante, ¿por qué íbamos a ponernos a hacer cualquier otra cosa al mismo tiempo? Esa es una buena pregunta.

> «Hacer dos cosas a la vez es no hacer ninguna».
>
> *Publilio Siro*

El verano de 2009, Clifford Nass se dispuso justamente a responder a eso. ¿En qué consistía su misión? En averiguar hasta qué punto les funcionaba la multitarea a los que la practicaban. Nass, profesor en la Universidad de Stanford, declaró a *The New York Times* que siempre había sentido una mezcla de aversión y admiración por los multitareístas y que él mismo se tenía por muy mal ejemplo. Así que él y su equipo de investigadores entregaron un cuestionario a 262 estudiantes para determinar con qué frecuencia practicaban la multitarea. Dividieron los sujetos de estudio en dos grupos: multitareístas ligeros y multitareístas agudos, y partieron de la hipótesis de que los multitareístas agudos rendirían más. Se equivocaban.

«Estaba seguro de que tenían alguna habilidad secreta —dijo Nass—. Pero resulta que los multitareístas agudos son un imán para lo irrelevante». Rinden menos en todos los sentidos. Pese a que se convencen a sí mismos y al mundo de que lo hacen todo estupendamente, hay un pequeño problema. Citando a Nass: «Los multitareístas son sencillamente malos en todo».

La multitarea es mentira.

Es mentira aunque prácticamente todo el mundo la acepta como algo eficaz. Se ha convertido en algo tan convencional que la gente cree firmemente que es lo que tiene que hacer, y que tienen que ponerlo en práctica con tanta frecuencia como puedan. No sólo oímos hablar de hacerlo, sino que hasta oímos hablar de cómo hacerlo mejor. Más de seis millones de páginas web dan información sobre cómo hacerlo, y las webs de ofertas profesionales incluyen la multitarea como punto fuerte entre las habilidades deseadas tanto por los ofertantes como por los aspirantes a muchos puestos de trabajo. Algunos han llegado al punto de

estar orgullosos de esta su-
puesta habilidad y la han adop-
tado como modo de vida. Pero
en realidad es un «modo de
mentira», ya que la multitarea
no es ni eficiente ni efectiva. En
el mundo de los resultados, te
hará fracasar siempre.

> «La multitarea
> no es más que
> la oportunidad
> de fastidiar
> más de una
> cosa a la vez».
>
> *Steve Uzzell*

Cuando intentas hacer dos cosas a la vez no podrás o no lograrás hacer bien ninguna de ellas. Si crees
que la multitarea es una manera eficaz de hacer más
cosas es que lo has entendido todo al revés. Es una
manera eficaz de hacer menos cosas. Como dijo Steve
Uzzell: «La multitarea no es más que la oportunidad
de fastidiar más de una cosa a la vez».

MENTALIDAD DE MONO

Los psicólogos llevan estudiando este concepto humano de hacer más de una cosa a la vez desde la década de 1920, pero el término «multitarea» no apareció
en escena hasta los años sesenta. Se empleó al principio para caracterizar a las computadoras, no a las
personas. Por aquel entonces, diez *megaherz* era al
parecer una velocidad tan pasmosa que hizo falta acu-

ñar una palabra totalmente nueva para describir la capacidad que tienen las computadoras para ejecutar varias tareas. Visto ahora, aquella no fue probablemente una buena elección, ya que el término «multitarea» es de por sí engañoso. La multitarea es la ejecución de múltiples tareas que se alternan para compartir un mismo recurso (un procesador o CPU), pero con el tiempo se le dio la vuelta al contexto y pasó a interpretarse como varias tareas ejecutadas de manera simultánea por un recurso (una persona). Se trata de un giro semántico muy ingenioso que induce a error, ya que incluso las computadoras sólo son capaces de procesar los fragmentos de código de uno en uno. Cuando están haciendo «multitareas», lo que hacen es ir adelante y atrás, alternar su atención entre dos tareas hasta que concluyen ambas. La velocidad con la que las computadoras abordan varias tareas aviva la ilusión de que todo se está produciendo al mismo tiempo. Por ello puede resultar muy confuso comparar a computadoras con humanos.

Las personas sí somos capaces de hacer dos o más cosas a la vez, como caminar y hablar o mascar chicle y mirar un mapa, pero, igual que les ocurre a las computadoras, lo que no podemos es centrarnos en dos cosas al mismo tiempo. Nuestra atención oscila de una cosa a otra. Esto funciona bien en el caso de las computadoras, pero tiene serias repercusiones en el caso de los humanos. Dos aviones de pasajeros que reciben vía libre para aterrizar en la misma pista. Un paciente al que se le administra una medicina equivocada. Un bebé al que se deja solo en la tina. Lo que tienen en común todas estas posibles tragedias es que la gente trata de hacer demasiadas cosas a la vez y olvida hacer alguna de ellas.

Es curioso, pero con el paso del tiempo la imagen del humano actual se ha convertido en cierto modo en la de un multitareísta. Creemos que podemos hacerlo, así que creemos que debemos hacerlo. Los niños estudian mientras envían mensajes por el celular, escuchan música o ven la tele. Los adultos conducen mientras hablan por teléfono, comen, se maquillan o incluso se afeitan. Hacemos algo en una habitación mientras hablamos con otra persona que está en la habitación contigua. Tenemos ya el teléfono en la mano antes de habernos puesto la servilleta en el regazo. No es que nos falte tiempo para hacer todas las cosas que tenemos que hacer, es que sentimos la necesidad de hacer demasiadas cosas en el tiempo que tenemos. Así que redoblamos y triplicamos los esfuerzos con la esperanza de hacerlas todas.

Y luego está el tema del trabajo.

La oficina moderna es un carnaval de exigencias distractoras derivadas de la multitarea. Mientras intentamos con toda diligencia acabar un proyecto, a alguien le da un ataque de tos en el cubículo de al lado y nos pregunta si tenemos un caramelo. El sistema de mensajes de la oficina no deja de emitir llamadas que nadie que esté a una distancia aceptable de un intercomunicador escucha. No dejan de sonar alertas de nuevos correos electrónicos que llegan a la bandeja de entrada mientras otras incesantes alertas de las redes sociales no dejan de llamar tu atención en la pantalla y tu teléfono celular vibra intermitentemente encima de la mesa con la llegada de cada nuevo mensaje de texto. Sobre la mesa, a la vista de todo el mundo, se apila una montaña de cartas sin abrir y otra de papeleo sin terminar, mientras va pasando gente por tu mesa todo el santo día para preguntarte cosas. Distracciones, interrupciones, alteraciones. Centrarse en la tarea resulta agotador. Los investigadores calculan que los trabajadores son interrumpidos cada once minutos y que dedican casi una tercera parte del día a recuperarse de esas distracciones. Y aun así, en medio de todo eso, creemos que vamos a ser capaces de salir adelante y hacer todo aquello que tenemos que hacer dentro de nuestros plazos.

Pero nos estamos engañando. La multitarea es un timo. El laureado poeta Billy Collins lo resumió a la perfección: «Lo llamamos multitarea, lo que suena a capacidad de hacer muchas cosas al mismo tiempo... Un budista lo llamaría mentalidad de mono». Creemos dominar la multitarea, pero en realidad nos estamos volviendo changos.

HACER MALABARISMOS ES UNA ILUSIÓN

Nos sale de manera natural. Con una media de cuatro mil pensamientos que entran y salen a diario de nuestras cabezas, es fácil entender por qué recurrimos a la multitarea. Si un cambio de pensamiento cada catorce segundos supone una invitación a cambiar de dirección, entonces resulta bastante obvio que nos vemos continuamente tentados a tratar de hacer demasiadas cosas a la vez. Mientras hacemos una cosa estamos a unos pocos segundos de pensar en otra cosa que podríamos hacer. Y lo que es más, la historia sugiere que a lo largo de nuestra existencia como seres humanos se nos podría haber exigido que evolucionáramos para ser capaces de supervisar varias tareas a la vez. Nuestros antepasados no habrían durado mucho si no hubiesen podido estar alertas ante los depredadores mientras recolectaban bayas, curtían pieles o simplemente reposaban junto a la hoguera después de un día de caza. Ese impulso de hacer malabarismos con más de una tarea a la vez no sólo está en la esencia de nuestro diseño, sino que probablemente fue necesario para nuestra supervivencia.

Pero esos malabarismos no son la multitarea.

Los malabarismos son una ilusión. Para el simple observador, el malabarista juega con tres bolas a la vez. En realidad, las bolas son atrapadas y lanzadas al aire en rápida sucesión. Atrapar, lanzar, atrapar, lanzar, atrapar, lanzar. Una detrás de otra. Es lo que los investigadores denominan «alternancia de tareas».

Cuando pasas de una tarea a otra, ya sea de manera voluntaria o involuntaria, ocurren dos cosas. La primera es casi instantánea: decides cambiar de tarea. La segunda es menos predecible: tienes que activar las «reglas» de aquello que estás a punto de hacer (ver figura 6). Pasar de una tarea sencilla a otra —como ver la televisión y doblar la ropa— es rápido y relativamente indoloro. En cambio, si estás trabajando en una hoja de cálculo y se presenta un compañero en tu despacho para hablar sobre un problema, la relativa complejidad de esas dos tareas te imposibilita pasar rápidamente de una a otra. Siempre se necesita un tiempo para iniciar una tarea nueva y para reanudar aquella que has abandonado, y no hay garantías de que la retomes en el punto exacto en el que la dejaste. Se paga un precio. «El costo en términos de tiempo adicional al pasar de una tarea a otra depende de lo complejas o sencillas que sean esas tareas», señala el investigador David Meyer. «Puede ir desde un incre-

Sólo una cosa

mento de tiempo del 25 por ciento o menos en el caso de tareas sencillas a más del cien por ciento en el de tareas muy complicadas». La alternancia de tareas conlleva un precio que muy pocos se dan cuenta de que están pagando.

FLUJO DE TRABAJO INTERRUMPIDO

FLUJO DE TRABAJO CENTRADO

Fig. 6. La multitarea no ahorra tiempo, lo malgasta.

CANALES CEREBRALES

Entonces, ¿qué es lo que de verdad ocurre cuando hacemos dos cosas a la vez? Es fácil: las separamos. Nuestro cerebro tiene varios canales, lo que nos permite procesar distintos tipos de datos en diferentes partes del cerebro. Por eso podemos hablar y caminar a la vez. Y esos canales no se interfieren. Pero aquí está el problema: que no estás verdaderamente centrado en las dos actividades. Una está ocurriendo en primer plano y la otra en el fondo. Si tuvieses que explicarle a un simple pasajero de un avión DC-10 cómo aterrizar, dejarías de caminar al instante. Y, al revés, si tuvieras que atravesar un precipicio por un puente de cuerda, seguramente dejarías de hablar. Puedes hacer dos cosas a la vez, pero no puedes centrarte eficazmente en dos cosas al mismo tiempo. Esto lo sabe hasta mi perro Max. Cuando me quedo embobado viendo un partido de baloncesto en la tele, me da un buen empujón. Por lo visto las caricias en segundo plano no deben de ser muy satisfactorias.

Muchos piensan que, como su cuerpo funciona sin que ellos lo dirijan conscientemente, están poniendo en práctica la multitarea. Y es cierto, pero no como ellos creen. Muchas de nuestras funciones físicas, como el hecho de respirar, se dirigen desde una parte del cerebro distinta de aquella dedicada a la atención consciente. De ahí que no haya conflicto entre distintos canales. No por nada «afrontamos» las cosas, porque esas decisiones conscientes se localizan en el córtex prefrontal de nuestro cerebro. Cuando nos centramos en algo es como si dirigiésemos un foco de luz sobre ese algo. Sí que podemos prestar atención a dos cosas, pero entonces se produce lo que se denomina «atención dividida». Y no nos confundamos: atiende a dos cosas y tu atención se dividirá; atiende a tres y alguna de ellas fallará.

El problema de tratar de atender a dos cosas a la vez aparece cuando una tarea exige más atención que otra o cuando se cruza en un canal que ya estamos utilizando. Cuando tu mujer te está explicando cómo ha reorganizado los muebles del salón, ajustas el córtex visual para mirarlo con tus ojos mentales. Si resulta que en ese momento estás conduciendo, esa interferencia en el canal implica que ahora estarás viendo la combinación de los nuevos sofás y eso te impedirá ver la frenada del coche que tienes delante. No se puede uno concentrar eficazmente en dos cosas importantes al mismo tiempo.

Cada vez que intentamos hacer dos o más cosas a la vez, lo único que hacemos es dividir nuestra atención y reducir la eficacia de todos los resultados de ese proceso. Esta es una somera lista de los cortocircuitos que nos provoca la multitarea:

1. Tenemos una capacidad cerebral limitada en todo momento. Podemos dividirla tanto como queramos,

pero pagaremos un precio en términos de tiempo y de eficacia.

2. Cuanto más tiempo dediquemos a una tarea alternativa, menos probabilidades tendremos de retomar la tarea original. Así es como se acumulan los cabos sueltos.

3. Si alternamos entre una actividad y otra perderemos tiempo cada vez que nuestro cerebro se reorienta hacia cada nueva tarea. Esos milisegundos se van acumulando. Los investigadores calculan que perdemos una media de un 28 por ciento de nuestra jornada laboral por culpa de la ineficacia de la multitarea.

4. Los multitareístas crónicos acaban desarrollando un sentido distorsionado de lo que se tarda en hacer las cosas. Casi siempre creen que se tarda más en hacer una tarea de lo que en realidad hace falta para hacerla.

5. Los multitareístas cometen más errores que los no multitareístas. Suelen tomar peores decisiones porque prefieren la información nueva a la antigua, aunque la información antigua sea más valiosa.

6. Los multitareístas sufren más estrés, viven peor y son menos felices.

Con unos estudios tan abrumadoramente claros, parece absurdo que —sabiendo que la multitarea propicia los errores, las malas decisiones y el estrés— sigamos intentando ponerla en práctica. Tal vez sea porque es demasiado tentador. Los trabajadores que utilizan computadoras durante el día cambian de ventana y consultan el correo electrónico u otros programas unas 37 veces por hora. Estar en un entorno propicio para la distracción hace que nos distraigamos más. O tal vez es el subidón que da. A los multitareístas en entornos multimedia les provoca verdadera excitación saltar de una cosa a otra —un subidón de dopamina—, lo que puede ser incluso adictivo. Si no lo hacen se aburren. Sea cual sea el motivo, las conclusiones son irrefutables: la multitarea nos ralentiza y nos atonta.

CONDUCIDOS A LA DISTRACCIÓN

En 2009, el reportero de *The New York Times* Matt Richtel ganó el premio Pulitzer al mejor reportaje nacional por una serie de artículos («Driven to Distraction», Conducidos a la distracción) sobre los peligros de enviar mensajes de texto o usar el teléfono celular mientras conducimos. Descubrió que las distracciones al volante son responsables del 16 por ciento de las muertes en carretera y de casi medio millón de lesiones cada año. Incluso una conversación tonta por teléfono reduce un 40 por ciento la atención mientras conduces y, curiosamente, tiene el mismo efecto que conducir bebido. La evidencia es tan aplastante que muchas autoridades estatales y municipales han prohibido el uso del teléfono celular mientras se conduce. Me parece muy sensato. Aunque algunos lo hayamos hecho a veces, nunca se lo permitiríamos a nuestros hijos adolescentes. No hace falta más que un mensaje de texto para que el todoterreno familiar se convierta en un mortal ariete de dos toneladas. La multitarea puede causar todo tipo de destrozos.

Sabemos que la multitarea puede resultar incluso fatal cuando está en juego nuestra vida. De hecho, todos esperamos que los pilotos y los cirujanos centren su atención en su trabajo y en nada más mientras lo desempeñan. Y esperamos que si encuentran haciendo otra cosa a cualquiera que ocupe esos puestos lo castiguen severamente. En el caso de estos profesionales no aceptamos discusión alguna ni toleramos otra cosa que no sea la total concentración. Pero, mira, luego resulta que los demás vivimos según otras normas... ¿Acaso no valoramos nuestro trabajo o no nos lo tomamos en serio? ¿Por qué habríamos de tolerar la multitarea cuando estamos haciendo nuestro trabajo, que también es muy importante? Sólo porque nuestro trabajo diario no implique cirugía cardiaca tampoco deberíamos dejar que la atención sea menos crucial para nuestro éxito o para el éxito de otros. Nuestro trabajo no merece menos respeto. Puede que a primera vista no lo parezca, pero la conexión entre todo lo que hacemos supone en último término que no solo todos tenemos un trabajo que hacer, sino que es un trabajo que merece hacerse bien. Míralo de esta manera: si de verdad perdemos casi un tercio de la jornada laboral por las distracciones, ¿cuál es la pérdida acumulada en toda una trayectoria profesional? ¿Y la pérdida para las carreras de otros? ¿Y para las empresas? Si te detienes a pensarlo, puede que descubras que si no das con una manera de resolver esto podrías acabar por perder tu trabajo o tu empresa. O lo que es peor: hacer que otros los pierdan.

Aparte del trabajo, ¿qué costo nos hacen pagar esas distracciones en nuestra vida personal? El escritor Dave Crenshaw lo dejó bien claro cuando escribió: «La gente con la que vivimos y trabajamos a diario merece toda nuestra atención. Cuando prestamos a las personas una atención fragmentada, cuando les dedicamos pedacitos de tiempo y saltamos de una cosa a otra, el costo de esas interrupciones será mucho mayor que el simple tiempo perdido. Acabaremos perjudicando nuestras relaciones». Cada vez que veo a una pareja cenando y uno de los dos se afana por comunicarse mientras que el otro está enviando mensajes con el celular debajo de la mesa, me viene a la cabeza la gran verdad que supone esa afirmación.

GRANDES IDEAS

1. **La distracción es natural.** No te sientas culpable por distraerte. Todo el mundo se distrae.
2. **La multitarea tiene su precio.** Ya sea en casa o en el trabajo, la multitarea conduce a tomar malas decisiones, a cometer errores dolorosos y a un estrés injustificado.
3. **La distracción merma los resultados.** Cuando intentas hacer demasiadas cosas a la vez, puedes acabar por no hacer ninguna bien. Averigua qué es lo que más importa en ese momento y préstale tu atención íntegra.

Para poder poner en práctica el principio de LO ÚNICO, no puedes tragarte la mentira de que es bueno tratar de hacer dos cosas a la vez. Aunque a veces se puede practicar la multitarea, nunca se puede hacerlo con eficacia.

6

Una vida disciplinada

Existe por doquier esa idea de que la persona que tiene éxito es la «persona disciplinada» que lleva una «vida disciplinada».

Mentira.

La verdad es que no necesitamos más disciplina de la que ya tenemos. Sólo tenemos que regularla y gestionarla un poco mejor.

Al contrario de lo que cree la mayoría de la gente, el éxito no es una maratón de acciones disciplina-

«Este es uno de los mitos más predominantes de nuestra cultura: la autodisciplina».

Leo Babauta

das. Ningún logro exige que seas una persona disciplinada a tiempo completo, que hayas preparado con antelación todas tus acciones y que el control sea tu solución a cualquier situación. En realidad, el éxito es una carrera corta: un esprint impulsado por la disciplina que dura hasta que aparece la costumbre y toma el relevo.

Cuando sabemos que tenemos que hacer algo pero no lo estamos haciendo, solemos decir: «Sólo necesito más disciplina». Lo que necesitamos en realidad es el hábito de hacerlo. Y necesitamos la disciplina justa para forjarnos ese hábito.

En cualquier conversación sobre el éxito siempre acaban apareciendo las palabras «disciplina» y «hábito». Aunque su significado difiere, se conectan estrechamente para formar los cimientos del éxito: trabajar de forma habitual en algo hasta que ese algo te funciona de forma habitual. Cuando te disciplinas, lo que haces es básicamente entrenarte para actuar de una manera concreta. Si te ciñes a algo durante mucho tiempo se acaba convirtiendo en una rutina; es decir, en un hábito. Así que, cuando ves a alguien que tiene pinta de ser disciplinado, lo que estás viendo en realidad es una persona que se ha entrenado en un puñado de hábitos en su vida. Eso hace que parezca disciplinado cuando en realidad no lo es. Nadie lo es.

Porque, a ver, ¿quién querría serlo? El solo hecho de pensar en moldear toda nuestra conducta y mantenerla a base de entrenamiento parece algo terrible e imposible por una parte y soberanamente aburrido por otra. La mayoría acabamos llegando a esta conclusión pero, al no ver ninguna otra alternativa, redoblamos nuestros esfuerzos por lograr lo imposible o nos retiramos discretamente. Aparece la frustración y acabamos rendidos a la resignación.

No hace falta ser una persona disciplinada para tener éxito. De hecho, puedes tener éxito con menos disciplina de la que crees, por una razón muy sencilla: el éxito consiste en hacer lo correcto, no en hacerlo todo correctamente.

El truco del éxito es escoger el hábito adecuado y hacer acopio de la suficiente disciplina para consolidarlo. Nada más. No necesitas más disciplina que esa. Y cuando ese hábito pase a formar parte de tu vida empezarás a parecer una persona disciplinada, aunque no lo seas. Lo que serás es alguien que ha logrado que algo funcione de manera habitual porque ha trabajado en ello de manera habitual. Serás una persona que se ha servido de una disciplina selectiva para forjarse un hábito potente.

LA DISCIPLINA SELECTIVA FUNCIONA DE MARAVILLA

El nadador olímpico Michael Phelps es un ejemplo de libro de disciplina selectiva. Al diagnosticársele TDAH (Trastorno por déficit de atención con hiperactividad) de pequeño, la profesora de la guardería le dijo a su madre: «Michael no es capaz de mantenerse sentado. No puede estar callado... No tiene talento. Su hijo nunca será capaz de centrarse en nada». Bob Bowman, su entrenador desde que tenía once años, afirma que Michael pasó mucho tiempo fuera de la piscina, junto al puesto del socorrista, castigado por mal comportamiento. Esa misma mala conducta ha surgido también de vez en cuando en su vida adulta.

Y aun así ha batido decenas de marcas mundiales. En 2004 ganó seis medallas de oro y dos de bronce en Atenas y, luego, en 2008, obtuvo la cantidad récord de ocho medallas en Pekín, superando al legendario Mark Spitz. Sus dieciocho medallas de oro batieron el récord de medallas olímpicas de cualquier deporte. Antes de que colgase las gafas de natación, sus victorias en los Juegos Olímpicos de Londres 2012 le granjearon un total de veintidós medallas, lo que le dio el estatus de máximo medallista olímpico en toda la historia del deporte. Refiriéndose a Phelps, un periodista declaró: «Si fuese un país estaría en el puesto número doce de las últimas tres olimpiadas». Hoy su madre afirma: «La capacidad de concentración de Michael me asombra». Bowman la califica como «su atributo más fuerte». ¿Cómo ocurrió esto? ¿Cómo llegó a conseguir tanto aquel chico que «nunca iba a ser capaz de centrarse en nada»?

Phelps se convirtió en una persona que seleccionó su disciplina.

Desde que tenía catorce años hasta las olimpiadas de Pekín, Phelps entrenó siete días por semana y los 365 días del año. Descubrió que si entrenaba los domingos tenía una ventaja de 52 días más de entrenamiento que sus rivales. Pasaba hasta seis horas en el agua cada día. «Canalizar su energía es uno de sus puntos fuertes», dijo Bowman. No es por simplificar en exceso, pero la verdad es que Phelps canalizó toda su energía en una disciplina que acabó convirtiéndose en un hábito: nadar todos los días.

La recompensa que aporta crearse un hábito adecuado es bastante obvia: te consigue el éxito que estás buscando. Lo que muchas veces se pasa por alto, no obstante, es otro beneficio imprevisto: que también te simplifica la vida. Tu vida pasa a ser más clara y menos complicada porque sabes lo que tienes que hacer bien y lo que no tienes que hacer. La verdad simple y llana es que enfocar la disciplina a un hábito adecuado te dispensa de ser igual de disciplinado en otras áreas. Cuando haces lo correcto, eso puede liberarte de tener que controlar todo lo demás.

Michael Phelps encontró su actividad ideal en la alberca. Encontrar la disciplina para hacerlo le ayudó con el tiempo a consolidar el hábito que cambió su vida.

66 DÍAS PARA LLEGAR AL HÁBITO IDEAL

Disciplina y hábito. Lo cierto es que la mayoría de la gente ni siquiera quiere hablar de esas dos cosas. ¿Y quién puede culparles? Yo tampoco quiero. Las imágenes que esas dos palabras traen a nuestra mente son de dureza y dificultad. El simple hecho de leerlas ya agota. Pero tengo buenas noticias: la disciplina correcta cunde mucho y los hábitos sólo cuestan al principio. Con el tiempo, el hábito que uno busca se va haciendo más y más fácil de mantener. Es verdad. Mantener los hábitos exige mucha menos energía y esfuerzo que iniciarlos (ver figura 7). Ármate de la disciplina necesaria para convertirla en un hábito y el camino te parecerá menos arduo. Fija un hábito en tu vida y serás capaz de transitar por la rutina con menos desgaste para ti. Lo duro se convierte en hábito y el hábito hace que lo duro sea fácil.

EL PAPEL DE LA DISCIPLINA EN EL ÉXITO

Fig. 7. Cuando un nuevo comportamiento se convierte en hábito se necesita menos disciplina para mantenerlo.

Y, entonces, ¿durante cuánto tiempo hay que mantener la disciplina? Unos investigadores de la University College of London han hallado la respuesta. En 2009 formularon la siguiente pregunta: ¿cuánto se tarda en adquirir un nuevo hábito? Buscaban el momento en el que un nuevo comportamiento se vuelve automático o mecánico. El punto de «automatismo» llegaba cuando los participantes estaban al 95 por ciento de la curva de potencia y el esfuerzo requerido para mantenerla era el mínimo que podía esperarse. Pidieron a los estudiantes que asumiesen unos objetivos de ejercicio y dieta durante un plazo determinado y que hicieran un seguimiento de sus progresos. Los resultados indican que se necesita una media de 66 días para adquirir un nuevo hábito. El alcance completo iba de 18 a 254 días, pero esos 66 días eran el punto crucial: los comportamientos más fáciles necesitaban una media de menos días y los más duros, más días. En los círculos de la autoayuda se suele predicar que hacen falta 21 días para establecer un cambio, pero la ciencia actual no lo respalda. Se necesita tiempo para desarrollar un hábito adecuado, así que no te rindas demasiado pronto. Decide cuál es el adecuado y luego date todo el tiempo que necesites y acumula toda la disciplina que puedas para desarrollarlo.

Los investigadores australianos Megan Oaten y Ken Cheng han encontrado incluso pruebas de un efecto de halo alrededor de la consolidación de un hábito. En sus estudios, los estudiantes que lograron adquirir un hábito positivo declararon haber experimentado menos estrés, menos gasto compulsivo, mejores hábitos dietéticos, un menor consumo de alcohol, tabaco y cafeína, menos horas viendo la televisión e incluso menos acumulación de platos sucios. Si mantienes la disciplina el tiempo suficiente en un hábito concreto, no sólo se te hará más fácil adquirir el hábito, sino también otras cosas. Por eso a quienes siguen buenos hábitos parece irles mejor que a los demás. Porque están haciendo de manera habitual la cosa más importante y, en consecuencia, todo lo demás les resulta más fácil.

GRANDES IDEAS

1. **No seas una persona disciplinada.** Sé una persona de hábitos potentes y usa la disciplina de manera selectiva para adquirirlos.
2. **Los hábitos, de uno en uno.** El éxito es secuencial, no simultáneo. Nadie tiene la disciplina de adquirir más de un hábito nuevo a la vez. Las personas superexitosas no son en absoluto superhombres, sólo han seleccionado la disciplina necesaria para adquirir unos cuantos hábitos importantes. De uno en uno y poco a poco.
3. **Dale a cada hábito su tiempo.** Cíñete a la disciplina el tiempo suficiente para que se convierta en rutina. Para adquirir un hábito hace falta un promedio de 66 días. Una vez que esté bien consolidado, puedes seguir desarrollándolo o, si te parece adecuado, desarrollar otro nuevo.

Si eres lo que haces repetidamente, entonces tus logros no serán acciones que emprendes sino hábitos que te has ido forjando en la vida. No tienes que buscar el éxito. Si aprovechas la fuerza de la disciplina selectiva para adquirir el hábito idóneo, los resultados extraordinarios te encontrarán a ti.

7

La fuerza de voluntad está siempre disponible

¿Por qué tiene uno que hacer las cosas de la manera más difícil? ¿Por qué iba nadie a querer colocar su bola de billar deliberadamente detrás de la bola negra, quedarse encajado en una grieta entre dos rocas o trabajar con una mano atada a la espalda? Nadie

«Odiseo comprendió lo débil que es la fuerza de voluntad cuando pidió a sus tripulantes que lo atasen al mástil mientras navegaba entre las tentadoras sirenas».

Patricia Cohen

querría eso. Pero la mayoría de la gente lo hace de manera inconsciente cada día. Cuando vinculamos el éxito a nuestra fuerza de voluntad sin comprender de verdad lo que eso significa, nos lanzamos de cabeza al fracaso. Y no tenemos por qué hacerlo.

El antiguo proverbio de «querer es poder», con el que solemos referirnos a una férrea determinación, probablemente ha confundido a tantos como a los que ha ayudado. Nos sale por la boca sin más y nos cruza tan rápido por la mente que muy pocos son los que se detienen a entender lo que significa. Esta frase, por muchos considerada fuente de la fuerza personal, se suele malinterpretar como una receta inteligentemente formulada y unidimensional para lograr el éxito. Pero hace falta más para que el querer se convierta en algo poderoso. Si interpretas la fuerza de voluntad como un simple requisito del carácter pasarás por alto otro elemento igualmente esencial que ella: el tiempo. Es un elemento crucial.

Durante la mayor parte de mi vida no le presté mucha atención a la fuerza de voluntad. Pero, en cuanto lo hice, me cautivó. La capacidad de controlarte para determinar tus propias acciones es una idea bastante potente. Si lo basas en el entrenamiento, se llama disciplina. Pero si lo haces sólo porque puedes hacerlo, es fuerza pura. La fuerza de la voluntad.

Me parecía muy sencillo: si invocaba mi voluntad, el éxito sería mío. Me preparé para emprender ese camino. Por desgracia, no me dio tiempo ni de hacer el equipaje, ya que el camino fue muy corto. Cuando me dispuse a imponer mi voluntad frente a indefensos objetivos no tardé en descubrir algo muy desalentador: no siempre tenía fuerza de voluntad. La tenía y..., ¡zas!, al instante siguiente ya no la tenía. Un día estaba desaparecida en combate y..., ¡pam!, al día siguiente la tenía a mi entera disposición. Mi fuerza de voluntad parecía ir y venir como si estuviese dotada de vida propia. Descubrí que perseguir el éxito basándote en una fuerza de voluntad plena y siempre disponible era imposible. Lo primero que pensé fue: ¿qué me pasa? ¿Acaso era un perdedor? Eso parecía. Por lo visto me faltaba determinación. Carecía de fuerza de carácter, de fortaleza interior. En consecuencia, hice de tripas corazón, hice acopio de toda mi determinación, redoblé mis esfuerzos y llegué a una reveladora conclusión: la fuerza de voluntad no está siempre disponible. Por muy poderosa que fuera mi motivación, mi fuerza de voluntad no estaba ahí esperando a que la invocara, dispuesta en todo momento a fortalecer mi voluntad en relación con cualquier cosa que deseara. Aquello me dejó atónito. Siempre había dado por hecho que la tendría a mi disposición en todo momento. Que no tenía más que invocarla cuando la necesitara para obtener lo que quisiera. Me equivocaba.

Lo de que la fuerza de voluntad está siempre disponible es mentira.

La mayoría de la gente presupone que la fuerza de voluntad importa, pero puede que muchos no entiendan del todo lo crucial que es para nuestro éxito. Un proyecto de investigación verdaderamente insólito demostró lo importante que resulta en realidad.

TORTURAR A NIÑOS

A finales de la década de 1960 y principios de la de 1970, el investigador Walter Mischel empezó a atormentar de manera metódica a niños de cuatro años en la Escuela de Puericultura Bing de la Universidad de Stanford. Más de quinientos niños fueron presentados como voluntarios para el diabólico programa por sus propios padres, muchos de los cuales, como otros millones más, se reirían más tarde sin piedad con los videos de aquellos pobres niños. El demoniaco experimento se llamó «El test de los algodones de azúcar». Fue una curiosa manera de estudiar la fuerza de voluntad.

A los niños se les ofrecían tres premios: un *pretzel*, una galleta o el ahora infame algodón de azúcar. Al niño se le decía que el investigador tenía que salir de la habitación y que, si era capaz de esperar quince minutos hasta que regresara, se le daría una segunda recompensa. Un dulce ahora o dos más tarde. (Mischel se dio cuenta de que habían diseñado bien la prueba cuando unos cuantos niños quisieron abandonar el experimento en cuanto les explicaron las reglas).

Los niños, dejados a solas con un algodón de azúcar que no podían comerse, emprendieron toda suerte de estrategias para postergar lo inevitable, desde cerrar los ojos, tirarse del pelo y darse la vuelta hasta cernerse sobre el dulce, olerlo e incluso acariciarlo. Los críos aguantaron una media de menos de tres minutos. Y sólo tres de cada diez consiguieron retrasar su recompensa hasta que el investigador hubo regresado. Quedó bastante patente que a la mayoría de los niños les cuesta mucho lo de postergar la gratificación. La fuerza de voluntad escaseaba.

De entrada nadie se detuvo a pensar acerca de lo que podría decir del futuro de un niño el hecho de haber superado o no el test del algodón de azúcar. Esos datos llegaron más tarde y de una manera más oficial. Las tres hijas de Mischel asistían a la escuela Bing y, a lo largo de los siguientes años, el investigador empezó a distinguir un patrón cuando les preguntaba sobre sus compañeros de clase que habían participado en el experimento. A los niños que habían esperado a la segunda recompensa parecía que les iba mejor. Mucho mejor.

Mischel empezó en 1981 un seguimiento sistemático de los sujetos originales del experimento. Pidió transcripciones, recopiló registros y envió cuestionarios con la intención de medir sus progresos relativos en lo académico y lo social. Había acertado con su corazonada: la fuerza de voluntad o capacidad de postergar la gratificación era un importante indicador del éxito futuro. Durante los siguientes treinta y pico años, Mischel y sus colegas publicaron numerosos artículos acerca de lo bien que les iba a los «buenos postergadores». El éxito en el experimento predecía un rendimiento académico más elevado, unas calificaciones en las pruebas de admisión universitarias de 210 puntos por encima de la media, una mayor autoestima y una mejor gestión del estrés. Por el contrario, los «malos postergadores» tenían un 30 por ciento más de posibilidades de sufrir sobrepeso y más adelante presentarían mayores índices de drogadicción. Cuando tu madre te decía: «Las cosas buenas se hacen esperar» no estaba bromeando.

La fuerza de voluntad es tan importante que utilizarla de manera eficaz debería ser de la máxima prioridad. Por desgracia, puesto que no está siempre disponible, para sacarle el máximo partido hemos de gestionarla bien. Igual que ocurre con dichos como «Al que madruga

Dios le ayuda» o «A la ocasión la pintan calva», con la fuerza de voluntad es una cuestión de tiempo. Cuando tienes voluntad, te sales con la tuya. Aunque el carácter es un elemento esencial de la fuerza de voluntad, la clave para aprovecharla es cuándo la utilizas.

ENERGÍA RENOVABLE

Piensa en la fuerza de voluntad como en el indicador de batería de tu teléfono celular. Cada mañana empiezas con la carga a tope. A medida que transcurre el día, cada vez que la usas se va descargando. Así, a medida que menguan las rayitas verdes del indicador lo mismo hace tu resolución, y cuando por fin se pone en rojo es que se te ha acabado. La fuerza de voluntad tiene una carga de batería limitada pero puede recargarse dándole un descanso. Es un recurso limitado pero renovable. Puesto que el suministro es limitado, cada acto de voluntad genera una situación de ganar/perder en la que ganar en la situación inmediata gracias a la fuerza de voluntad te hace perder más tarde porque te quedas sin ella. Después de un largo día, la tentación de comer a altas horas de la noche puede convertirse en el talón de Aquiles de cualquiera que pretenda seguir una dieta.

Todo el mundo acepta que hay que gestionar bien los recursos limitados, pero no hay manera de que reconozcamos que la fuerza de voluntad es uno de ellos. Actuamos como si nuestro suministro de fuerza de voluntad fuera infinito. En consecuencia, no lo consideramos un recurso personal que debamos gestionar bien, como la comida o las horas de sueño. Esto nos coloca una y otra vez en situaciones complicadas, ya que cuando más necesitamos la fuerza de voluntad muchas veces no la tenemos.

La investigación del profesor de la Universidad de Stanford Baba Shiv muestra lo fugaz que puede llegar a ser nuestra fuerza de voluntad. Dividió a 165 alumnos universitarios en dos grupos: a los de un grupo les pidió que memorizaran un número de dos dígitos y a los del otro, un número de siete dígitos. Ambas tareas entraban dentro de las capacidades cognitivas de cualquier persona, y podían tomarse el tiempo que necesitaran para hacerlo. Cuando estuvieran listos, los alumnos tenían que pasar a otra habitación donde debían recordar el número memorizado. Por el camino se les ofrecía algo de comer por participar en el estudio. Las dos opciones eran pastel de chocolate o un bol de ensalada de frutas: un placer culpable o una recompensa saludable. Y esto es lo chocante: el número de alumnos que escogieron el pastel de chocolate fue casi el doble entre aquellos a los que les pidieron que memorizaran el número de siete dígitos. Esa minúscula carga cognitiva fue suficiente para impedir que hicieran una elección prudente.

Las repercusiones son asombrosas. Cuanto más usamos nuestra mente, menos poder mental tenemos. La fuerza de voluntad es como un músculo de contracción rápida que se cansa y necesita reposar. Es increíblemente potente, pero no tiene aguante. Como escribió Kathleen Vohs en la revista *Prevention* en 2009, «La fuerza de voluntad es como la gasolina del coche... Cada vez que te resistes a algo tentador la vas gastando. Cuanto más te resistes, más se te vacía el depósito, hasta que te quedas sin combustible». Como se ha visto, no hacen falta sino unos simples cinco dígitos de más para dejarte seco de fuerza de voluntad.

Así como las decisiones nos van vaciando de fuerza de voluntad, los alimentos que comemos son también un agente clave en nuestro nivel de fuerza de voluntad.

ALIMENTO PARA LA MENTE

El cerebro constituye una quincuagésima parte de nuestro cuerpo pero consume una asombrosa quinta parte de las calorías que quemamos para obtener energía.

Si tu cerebro fuera un coche, en términos de kilometraje sería un todoterreno Hummer. Gran parte de nuestra actividad consciente se desarrolla en el córtex prefrontal, la zona de nuestro cerebro responsable de la atención, donde se maneja la memoria a corto plazo, se resuelven los problemas y se modera el control de los impulsos. Ahí está la esencia de lo que nos hace humanos y el centro de nuestro control ejecutivo y nuestra fuerza de voluntad.

He aquí un hecho interesante. La teoría «El último en llegar es el primero en salir» es perfectamente aplicable al interior de nuestra cabeza. Las partes de nuestro cerebro que se han desarrollado más recientemente son las primeras que sufren cuando se produce escasez de recursos. Las zonas más antiguas y desarrolladas del cerebro, como las que regulan la respiración y la respuesta nerviosa, son las primeras en recibir el flujo sanguíneo y se ven prácticamente inalteradas si decidimos saltarnos una comida. El córtex prefrontal, por el contrario, sí que se ve afectado. Por desgracia, al ser relativamente joven en términos de evolución humana, esa zona es el último mono a la hora de recibir alimento.

Investigaciones más avanzadas nos muestran la importancia de esto. Un artículo publicado en 2007 en el *Journal of Personality and Social Psychology* destacaba nueve estudios distintos sobre el efecto de la nutrición en la fuerza de voluntad. En uno de ellos, los investigadores asignaron tareas que implicaban o no fuerza de voluntad y midieron los niveles de glucosa en sangre antes y después de ejecutar cada tarea. Los participantes que habían empleado su fuerza de voluntad mostraban un marcado descenso en los niveles de glucosa en el riego sanguíneo. Otros estudios posteriores mostraron el efecto en el rendimiento de dos grupos cuando completaban una tarea que implicaba fuerza de voluntad y después otra. Entre tarea y tarea, a los de un grupo se les daba un vaso de limonada Kool-Aid endulzada con azúcar (buen rollo) y a los del otro se les suministraba un placebo, limonada con sacarina Splenda (mal rollo). El grupo del placebo cometía casi el doble de equivocaciones que el grupo del azúcar en la siguiente prueba.

De estos estudios se concluye que la fuerza de voluntad es un músculo mental que no tiene una reacción demasiado rápida. Si la empleas para una tarea estará menos disponible para la siguiente, a menos que reposes. Para funcionar a tope tenemos que dar literalmente de comer a nuestro cerebro, lo que añade una nueva dimensión al viejo dicho de «alimento para la mente». Los alimentos que elevan el nivel de azúcar en la sangre durante periodos prolongados, como carbohidratos y proteínas complejos, son la gasolina de quienes se esfuerzan por triunfar. Una prueba irrefutable de que «somos lo que comemos».

JUICIOS PREDETERMINADOS

Un verdadero desafío al que nos enfrentamos es cuando tenemos la fuerza de voluntad baja y tendemos a volver a los valores originales. Los investigadores Jonathan Levav, de la Stanford School of Business de California, y Liora Avnaim-Pesso y Shai Dazinger, de la Universidad Ben-Gurión del Néguev, dieron con una manera creativa de investigar esta circunstancia. Observaron con detenimiento el impacto que tiene la fuerza de voluntad en el sistema israelí de libertad condicional.

Los investigadores analizaron 1.112 vistas de libertad condicional asignadas a ocho jueces durante un periodo de diez meses (que, casualmente, constituyeron el 40 por ciento de todas las solicitudes de libertad provisional de Israel en ese periodo). El ritmo es extenuante. Los jueces escuchan los alegatos y tardan una media de seis minutos en tomar una decisión respecto a unas de 14 a 35 solicitudes de libertad condicional cada día, y sólo hacen dos paradas —una a media mañana para almorzar y una a primera hora de la tarde para comer— para descansar y reponer fuerzas. El efecto que tiene ese horario es tan espectacular como sorprendente: por la mañana y después del almuerzo, las posibilidades de los solicitantes de obtener la libertad condicional ascienden hasta un 65 por ciento, y después se desploman casi hasta el cero por ciento al final de cada periodo (ver figura 8).

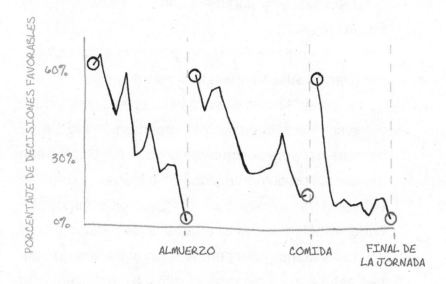

Fig. 8. Las decisiones correctas no dependen sólo de la sabiduría y el sentido común.

Es más que probable que esos resultados estén relacionados con los estragos mentales originados por la reiterada toma de decisiones. Se trata de decisiones importantes para los solicitantes y para la sociedad en general. La relevancia de lo que está en juego y ese ritmo más propio de una cadena de montaje exigen una concentración muy intensa durante todo el día. A medida que se agota su energía, los jueces van volviendo mentalmente a sus «valores predeterminados», lo que no redunda en mucho beneficio para los esperanzados reos. La decisión predeterminada de un juicio de libertad provisional es «no». Ante la duda y ante una fuerza de voluntad menguada, el preso se queda tras las rejas.

Y, si no tienes cuidado, puede que tus valores predeterminados también te condenen.

Cuando se nos agota la fuerza de voluntad todos volvemos a nuestros valores predeterminados. Aquí hay que hacerse la siguiente pregunta: ¿Cuáles son tus valores predeterminados? Si tu fuerza de voluntad está por los suelos, ¿qué escogerás en el supermercado, la bolsa de zanahorias o la de patatas fritas? ¿Estarás atento para centrarte en el trabajo que tienes entre manos o con la guardia baja ante cualquier distracción que surja? Cuando estás haciendo un trabajo importante mientras mengua tu fuerza de voluntad, esos valores predeterminados marcarán tu nivel de éxito al hacerlo. El resultado suele ser un nivel medio.

LA FUERZA DE VOLUNTAD TIENE SU MOMENTO

No perdemos la fuerza de voluntad porque pensemos en ella, sino precisamente porque no lo hacemos. Si no tenemos en cuenta que va y viene, lo que hacemos es exactamente eso: dejar que vaya y venga. Si no la protegemos de manera intencionada cada día, pasamos de tener voluntad y método a no tener ni una cosa ni la otra. Si lo que perseguimos es el éxito, así no lo lograremos.

Párate a pensarlo. Hay distintos grados de fuerza de voluntad. Como el indicador de batería que pasa del verde al rojo, hay fuerza de voluntad y «flaqueza» de voluntad. La mayor parte de la gente emplea la flaqueza de voluntad en sus iniciativas más importantes sin darse cuenta jamás de que es eso lo que las hace tan difíciles. Si no tenemos en cuenta que la determinación es un recurso que se agota, entonces no lograremos reservarla para las cosas que más importan. Si no la recargamos cuando escasea, lo más probable es que enfilemos nuestros pasos por el camino más trabajoso posible hacia el éxito.

¿Y cómo ponemos a funcionar nuestra fuerza de voluntad? Pensando en ella. Prestándole atención. Respetándola. Haciendo que lo que importa sea prioritario cuando tenemos la fuerza de voluntad al máximo. Dicho de otro modo, dándole a la fuerza de voluntad su momento.

COSAS QUE PONEN A PRUEBA TU FUERZA DE VOLUNTAD

- Adquirir nuevos hábitos
- Filtrar distracciones
- Resistir a la tentación
- Descartar la emoción
- Dominar la agresividad
- Contener los impulsos
- Someterte a pruebas
- Tratar de impresionar a los demás
- Copiar con miedo
- Hacer algo que no te gusta
- Optar por recompensas a largo plazo en lugar de a corto plazo

Cada día, sin darnos cuenta, nos embarcamos en toda suerte de actividades que nos restan fuerza de voluntad. La fuerza de voluntad se agota cuando tomamos decisiones para centrar la atención, cuando contenemos nuestros sentimientos e impulsos o cuando alteramos nuestro comportamiento para ir en pos de objetivos. Es como si usáramos un punzón para agujerear nuestro depósito de gasolina. Antes de darnos cuenta la fuerza de voluntad irá goteando por todas partes y no nos quedará ninguna para dedicarla a la tarea más importante. De modo que, como con cualquier otro recurso limitado pero vital, tenemos que gestionar bien nuestra fuerza de voluntad.

En lo que respecta a la fuerza de voluntad, el tiempo lo es todo. Necesitarás tener tu fuerza de voluntad a toda potencia para asegurarte de que cuando hagas lo que tengas que hacer nada te distraiga ni te desvíe de tu objetivo. Luego necesitarás tener fuerza de voluntad suficiente para el resto del día, tanto para mantener lo que has conseguido como para evitar sabotearlo. No necesitas más fuerza de voluntad que esa para tener éxito. Así que, si quieres sacarle el máximo partido a cada día, haz tu tarea más importante —*LO ÚNICO*— bien temprano, antes de que se te agote la fuerza de voluntad. Puesto que tu autocontrol se irá debilitando a lo largo del día, empléalo cuando esté a su máxima capacidad en aquello que más importancia tenga.

 GRANDES IDEAS

1. **No le pidas demasiado a tu fuerza de voluntad.**
   El suministro diario de fuerza de voluntad es limita-

do, así que decide qué es lo que importa y resérvala para eso.

2. **No pierdas de vista el indicador de nivel de combustible.** Para tener una fuerza de voluntad a toda potencia necesitarás tener el depósito lleno. Nunca dejes que peligre lo que más importa por el simple hecho de que te falte combustible para el cerebro. Come bien y con regularidad.

3. **Asigna un tiempo a tu tarea.** Haz lo que más importa a primera hora del día, cuando tu fuerza de voluntad está al máximo. Una fuerza de voluntad máxima supone un éxito máximo.

No te resistas a tu fuerza de voluntad. Organiza tus días basándote en cómo funciona y deja que contribuya a construir tu vida. Puede que la fuerza de voluntad no esté siempre disponible, pero si la usas para aquello que más importa siempre podrás contar con ella.

8

Una vida equilibrada

No hay nada que logre el equilibrio absoluto. Nada. Da igual lo imperceptible que sea, lo que parece estar en un estado de equilibrio es algo completamente diferente: es un «acto de equilibrar». El equilibrio lo consideramos, de manera algo nostálgica, como un sustantivo, pero en la

«Lo cierto es que el equilibrio es una tontería. Es una quimera inalcanzable... La búsqueda del equilibrio entre trabajo y vida, tal como nos la planteamos, no es sólo una propuesta perdedora, sino destructiva».

Keith H. Hammonds

práctica lo vivimos como verbo. Considerado como algo que se puede lograr, en realidad es algo que hacemos constantemente. Lo de «una vida equilibrada» es un mito, un concepto engañoso que la mayoría aceptamos como un objetivo respetable y asequible sin siquiera detenernos jamás a considerarlo seriamente. Pretendo que te detengas a considerarlo, que lo cuestiones, que lo rechaces.

Lo de una vida equilibrada es mentira.

La idea de equilibrio no es más que eso: una idea. En filosofía, el «dorado término medio» es el centro moderado entre dos extremos, un concepto que se emplea para definir un punto situado entre dos posiciones y que es más deseable que cualquiera de ellas. Es una gran idea, aunque no muy práctica. Idealista, pero no realista. El equilibrio no existe.

Esto es difícil de asimilar, y más de creer, sobre todo porque una de nuestras lamentaciones más frecuentes es «necesito más equilibrio», un mantra habitual sobre lo que nos falta en la vida. Oímos hablar tanto del equilibrio que asumimos de manera automática que eso es precisamente lo que deberíamos buscar. Y no lo es. Un propósito, un significado, un objetivo: esas son las cosas que conforman una vida exitosa. Búscalos y lo más seguro es que vivas una vida sin equilibrio y que atravieses una y otra vez una línea media invisible mientras vas en pos de tus prioridades.

El acto de vivir una vida plena dedicando tiempo a lo que importa es un acto de equilibrio. Obtener resultados extraordinarios exige tiempo y atención. Dedicar tiempo a una cosa implica restárselo a otra. Eso hace que el equilibrio sea imposible.

LA GÉNESIS DE UN MITO

En términos históricos, equilibrar nuestras vidas es un privilegio que hemos empezado a considerar muy recientemente. Durante miles de años, el trabajo era la vida. Si no trabajabas —si no cazabas, cosechabas o criabas ganado—, no vivías mucho. Pero las cosas cambiaron. El libro de Jared Diamond *Armas, gérmenes y acero: breve historia de la humanidad en los últimos trece mil años*, ganador del premio Pulitzer, ilustra cómo las sociedades agrarias que generaban un excedente acabaron dando pie a la especialización profesional. «Hace doce mil años, todo el mundo era cazador recolector; hoy casi todos somos agricultores o nos alimentan los agricultores». Esta libertad de no tener que salir en busca de alimentos o cultivarlos permitió que los individuos se hiciesen eruditos o artesanos. Unos trabajaban para poner comida en nuestra mesa mientras que otros se dedicaban a construir esas mismas mesas.

Al principio, la mayoría de la gente trabajaba en función de sus necesidades y ambiciones. El herrero no tenía que quedarse en la fragua hasta las cinco de la madrugada; podía irse a casa en cuanto el caballo estuviese herrado. Luego, con la industrialización del siglo XIX, vimos por primera vez a grandes cantidades de personas que trabajaban para otros. La historia pasaron a protagonizarla jefes exigentes, calendarios laborales anuales y fábricas con iluminación artificial que producían día y noche. A consecuencia de ello, el siglo XX fue testigo de los primeros movimientos de base para proteger a los trabajadores y limitar los horarios laborales.

Pese a todo, la expresión «equilibrio trabajo-vida» no se acuñó hasta mediados de la década de 1980, cuando más de la mitad del total de mujeres casadas se incorporaron al mercado laboral. Parafraseando a Ralph E. Gomory en el prólogo de su libro *Being Together, Working Apart: Dual-Career Families and the Work-Life Balance*, pasamos de una unidad familiar en la que uno traía el pan y el otro cuidaba de la casa a otra en la que dos traen el pan y nadie cuida de la casa. Cualquiera que tenga dos dedos de frente sabe quién de los dos fue el que se echó a la espalda el trabajo extra al principio. No obstante, a mediados de la década de 1990, lo de conciliar vida y trabajo ya se había convertido también en una consigna para el hom-

Sólo una cosa

bre. Un estudio realizado por LexisNexis entre los cien mayores periódicos y revistas del mundo muestra un incremento brutal en la cantidad de artículos publicados sobre el tema: de 32 en la década de 1986 a 1996 a un tope de 1.674 artículos sólo en 2007 (ver figura 9).

Seguramente no es casualidad que el auge de la tecnología haya ido en paralelo con el aumento de la creencia generalizada de que nos falta algo en la vida. La permeabilidad espacial y la desaparición de las fronteras ayudan a ello. Preocupados como estamos por los desafíos que nos plantea la vida real, la idea del «equilibrio trabajo-vida» se ha hecho un hueco en nuestra mente y nuestra imaginación.

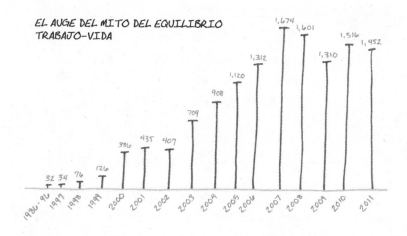

Fig. 9. El número de veces que se menciona la expresión «equilibrio trabajo-vida» en periódicos y revistas se ha disparado en los últimos años.

MALA GESTIÓN DEL PUNTO MEDIO

Tiene sentido desear el equilibrio. Tener tiempo para todo y hacerlo todo a tiempo. Suena tan bien que el mero hecho de pensar en ello nos proporciona una sensación de serenidad y paz. Esta calma es tan real que nos lleva a pensar que la vida debería ser así. Pero no lo es.

Si piensas en el equilibrio como en el punto medio, entonces el desequilibrio se produce cuando te alejas de él. Si te apartas demasiado del centro vivirás en los extremos. El problema de vivir en el centro es

TRABAJO Y VIDA EN EL PUNTO MEDIO

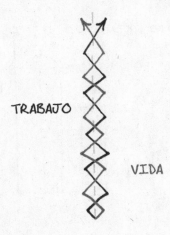

Fig. 10. Llevar una vida equilibrada supone no buscar nunca nada en los extremos.

Sólo una cosa

que ello te impide dedicar grandes cantidades de tiempo a ninguna cosa. En tu afán por atender a todo, todo se ve mermado y nada obtiene el tiempo que merece.

Esto a veces está bien y a veces no. Saber cuándo buscar el punto medio y cuándo ir a los extremos es en esencia el punto de partida de la sabiduría. Mediante esta negociación con tu tiempo conseguirás resultados extraordinarios.

El motivo por el que no deberíamos buscar el equilibrio es que la magia nunca se produce en el punto medio, sino en los extremos. El dilema está en que irse a los extremos presenta verdaderos desafíos. Te-

TRABAJO Y VIDA EN LOS EXTREMOS

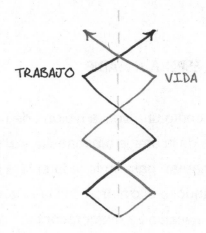

Fig. 11. Buscar los extremos conlleva sus problemas.

nemos claro que el éxito reside en los extremos más alejados, pero una vez allí no sabemos cómo gestionar bien nuestra vida.

Cuando trabajamos demasiadas horas nuestra vida personal acaba resintiéndose. Caemos en la trampa de pensar que trabajar horas extras es algo virtuoso y culpamos injustamente al trabajo cuando decimos: «No tengo vida». Muchas veces es justo al revés. Aunque nuestra vida laboral no interfiera, nuestra vida privada puede estar tan llena de cosas pendientes de hacer que volvemos a llegar a la misma conclusión: «No tengo vida». Y a veces nos llegan los golpes desde los dos lados: algunos afrontamos tantas exigencias personales y profesionales que todo se resiente. A punto del colapso, volvemos a declarar: «No tengo vida».

EL TIEMPO NO ESPERA A NADIE

Mi esposa me contó una vez la historia de una amiga suya. La madre de la amiga era maestra y el padre era agricultor. Se habían pasado la vida entera economizando y apretándose el cinturón con la idea de jubilarse y dedicarse a viajar. La mujer recordaba con cariño los viajes periódicos que ella y su madre hacían a la tienda de telas cercana para comprar tejidos estampados. La madre decía que aquella sería su ropa de viaje cuando se jubilase.

Nunca llegó a jubilarse. El último año de enseñanza desarrolló un cáncer y murió al poco tiempo. Al padre nunca le pareció bien gastarse el dinero que habían ahorrado, porque pensaba que aquel era el dinero de los dos y que ella ya no estaba allí para compartirlo con él. Cuando él falleció, la amiga de mi esposa fue a vaciar la casa de sus padres y encontró allí un armario lleno de telas estampadas para hacerse vestidos. El padre nunca lo vació. No fue capaz de hacerlo. Representaba demasiado para él. Era como si su contenido fuese un montón de promesas incumplidas con las que no era capaz de cargar.

El tiempo no espera a nadie. Si llevas algo hasta el extremo, el aplazamiento puede convertirse en algo permanente.

Una vez conocí a un empresario de mucho éxito que había trabajado horas extra y fines de semana durante casi toda su vida, con el sincero convencimiento de que todo aquello lo hacía por su familia. Algún día, cuando terminara, todos disfrutarían de los frutos de su trabajo, pasarían tiempo juntos, viajarían y harían todas las cosas que nunca habían hecho. Después de dedicar muchos años a levantar su empresa, la había vendido hacía poco y estaba abierto a hablar sobre qué hacer a continuación. Le pregunté que cómo le iba y proclamó orgulloso que marchaba bien. «Mientras levantaba la empresa nunca estaba en casa y apenas veía a mi familia. Así que ahora estoy con ellos de vacaciones en compensación por el tiempo perdido. Ya sabes cómo va esto, ¿no? Ahora que tengo tiempo y dinero voy a recuperar esos años».

¿Crees que se pueden recuperar cosas como contarle un cuento a tu hijo antes de acostarlo o como un cumpleaños? ¿Es igual una fiesta de cumpleaños de un niño de cinco años que tiene amigos imaginarios que una comida con un adolescente que tiene amigos de carne y hueso en la escuela? ¿Es lo mismo que un adulto vaya a ver un partido de futbol de su niño pequeño que de su hijo ya adulto? ¿Crees que puedes pactar con Dios para que el tiempo se detenga para ti y que se quede congelado todo lo importante hasta que estés preparado para participar de nuevo en ello?

Cuando juegas con tu tiempo, es posible que hagas una apuesta que luego no serás capaz de cubrir. Aunque estés seguro de que puedes ganar, asegúrate de que luego puedes vivir sin lo que pierdas.

Jugar con el tiempo te meterá en un callejón sin salida. Creer en esta mentira es dañino porque te convence para que hagas cosas que no deberías hacer y te impide hacer las que sí deberías hacer. La mala gestión del punto medio puede ser una de las cosas más destructivas que uno emprenda. No puedes ignorar la inevitabilidad del tiempo.

Por tanto, si conseguir el equilibrio es una mentira, ¿qué puedes hacer? Contrapesar.

Si sustituyes la palabra «equilibrio» por «contrapeso», verás que lo que experimentas cobra sentido. Las cosas que asumimos que están en equilibrio lo único que hacen es contrapesarse. La bailarina es un ejemplo clásico: cuando se alza *en pointe* puede parecernos ingrávida, puede dar la sensación de que flota en el aire, ser la idea misma de equilibrio y gracia. Si la observamos con detenimiento veremos que sus zapatillas de punta vibran y se mueven con agitación, que efectúan correcciones para mantener el equilibrio. Un contrapeso bien ejecutado produce una ilusión de equilibrio.

EL CONTRAPESO, VERSIÓN CORTA Y VERSIÓN LARGA

Cuando decimos que nos falta equilibrio nos solemos referir a una sensación de que no estamos cumpliendo o que desatendemos algunas prioridades —cosas que nos importan— . El problema está en que cuando nos centramos en lo que es de verdad importante siempre hay algo que queda desatendido. Por mucho que nos esforcemos, siempre quedarán cosas por hacer al final de la jornada, de la semana, del mes, del año y de la vida. Es ridículo intentar hacerlas todas. Aun cuando hayas hecho las cosas que más importan, todavía te seguirá quedando una sensación de que quedan cosas por hacer, una sensación de desequilibrio. Dejar cosas sin hacer es una contrapartida necesaria cuando se quieren obtener resultados extraordinarios. Pero no puedes dejarlo todo sin hacer, y ahí es donde entra en juego el contrapeso. La idea del contrapeso es no ir nunca tan lejos del centro que no encuentres después el camino de vuelta, ni alejarte tanto tiempo que no te quede nada a lo que recurrir cuando regreses.

Esto es tan importante que tu vida entera puede depender del fiel de la balanza. Tras estudiar a casi 7.100 funcionarios británicos durante once años, se concluyó que hacer horas extras de manera habitual puede ser mortal. Los investigadores demostraron que aquellos individuos que trabajaban más de once horas diarias (una semana laboral de más de 55 horas) tenían un 67 por ciento más de probabilidades de sufrir dolencias cardiacas. El contrapeso no sólo tiene que ver con tu sensación de bienestar, sino con tu bienestar.

CONTRAPESO TRABAJO-VIDA

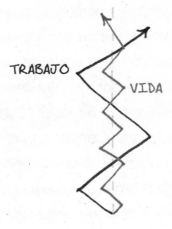

Fig. 12. Para obtener resultados extraordinarios en el trabajo hay que contrapesarlos con periodos más prolongados de vida personal.

Hay dos tipos de contrapeso: el equilibrio entre trabajo y vida personal y el equilibrio dentro de cada uno de ellos. En el mundo del éxito profesional no se trata de cuánto tiempo adicional dediques a algo, sino de que el ingrediente clave es el tiempo en el que estás concentrado. Para lograr resultados extraordinarios tienes que escoger aquello que más importa y dedicarle todo el tiempo que sea necesario. Eso exige apartarse mucho del equilibrio respecto a todas las demás cuestiones del trabajo y sólo dedicarles atención de tarde en tarde para contrapesar la situación. En tu vida personal, el ingrediente esencial es la consciencia. Consciencia de tu espíritu y de tu cuerpo, de tu familia y de tus amigos, de tus necesidades personales. Nada de todo eso puede sacrificarse si pretendes «tener una vida», así que nunca podrás renunciar a esas cosas por el trabajo ni renunciar a una por otra. Puedes pasar rápidamente de una a otra y muchas veces hasta combinar las actividades relacionadas con ellas, pero no puedes descuidar ninguna durante demasiado tiempo. Tu vida personal exige que la contrapeses con mucha atención.

Perder o no el equilibrio no es la verdadera cuestión. La cuestión es: ¿desequilibrio corto o largo? En tu vida personal, opta por desequilibrios cortos y evita perder el equilibrio durante periodos prolongados. Optar por desequilibrios cortos te permite mantener la conexión con todas aquellas cosas que más importan y avanzar en todas ellas a la vez. En la vida profesional, opta por desequilibrios largos y hazte a la idea de que la búsqueda de resultados extraordinarios puede exigirte que pases periodos prolongados de falta de equilibrio. Optar por desequilibrios largos te permite centrarte en lo que más importa, aun a expensas de otras prioridades menores. En la vida personal no hay que dejar nada de lado. En el trabajo es necesario hacerlo.

James Patterson, en su novela *El diario de Suzanne*, subraya con maestría dónde están las prioridades de nuestro acto de equilibrar vida personal y profesional: «Imagina que la vida es un juego en el que haces malabarismos con cinco bolas. Las bolas se llaman: trabajo, familia, salud, amigos e integridad. Las mantienes todas en el aire. Pero un día te acabas dando cuenta de que el trabajo es una pelota de goma: si la dejas caer, rebotará y volverá a subir. Las otras cuatro bolas —familia, salud, amigos e integridad— son de cristal. Si dejas caer alguna de ellas, irremediablemente se rayará, se agrietará o incluso se hará añicos».

LA VIDA ES UN ACTO DE EQUILIBRIO

El asunto del equilibrio es en realidad una cuestión de prioridades. Cuando pasas de hablar de equilibrar a hablar de priorizar ves más claras tus opciones y abres una puerta a cambiar tu destino. Para obtener resultados extraordinarios es necesario que te marques una prioridad y que actúes en consecuencia. Si actúas en función de tu prioridad perderás automáticamente el equilibrio al dedicar más tiempo a una cosa en detrimento de otras. Así pues, la dificultad no está en perder el equilibrio, ya que deberás perderlo. La dificultad ra-

dica en saber cuánto tiempo debes mantenerte dedicado a tu prioridad. Para ser capaz de atender a tus
prioridades extralaborales, ten claro cuál es la principal
prioridad en el trabajo para poder hacerla cuanto antes.
Después ve a casa y define bien tus prioridades personales para poder volver al trabajo.

Cuando debas trabajar, trabaja, y cuando debas
jugar, juega. Caminas por una extraña cuerda floja, pero
las cosas sólo se arruinan cuando mezclas las prioridades.

GRANDES IDEAS

1. **Piensa en una balanza con dos platillos contra-
   puestos.** Separa tu vida laboral y tu vida personal
   en dos platillos distintos. No para compartimentarlas,
   sino para contrapesarlas. Cada una tiene sus objetivos y sus estrategias de contrapeso.
2. **Contrapesa el platillo del trabajo.** Plantéate el
   trabajo como el dominio de una habilidad o de unos
   conocimientos. De ese modo deberás dedicar un
   tiempo desproporcionado a una ÚNICA COSA —tu ÚNI-
   CA COSA—, con el consiguiente desequilibrio constante de tus días, semanas, meses y años laborales.
   Tu vida profesional se divide en dos áreas: lo que

más importa y todo lo demás. Tendrás que llevar lo importante hasta los extremos y no preocuparte por lo que ocurra con el resto. El éxito profesional así lo exige.

3. **Contrapesa el platillo de la vida personal.** Reconoce que tu vida consta de diversas áreas y que todas ellas requieren un mínimo de atención para que sientas que «tienes una vida». Si dejas de lado cualquiera de ellas notarás las consecuencias. Eso exige mantenerte consciente en todo momento. No puedes ir demasiado lejos ni alejarte demasiado tiempo de ninguna de esas áreas sin reequilibrarlas para que sigan siendo áreas activas de tu vida. Tu vida personal así lo exige.

Empieza a llevar una vida de equilibrio y contrapeso. Haz que las cosas importantes tengan prioridad cuando toca y dedícate a las demás cosas cuando puedas.

Una vida extraordinaria es un acto de contrapeso.

9

Lo grande es malo

«Burro grande, ande o no ande». «El pez grande se come al chico». Desde el refranero hasta el cancionero popular, la idea de que grande y malo van de la mano ha sido un clásico a lo largo de toda la historia. Tanto es así que mucha gente los considera sinónimos. Y no lo son. Lo grande puede ser malo y lo malo puede ser grande, pero no son una misma cosa. No están intrínsecamente relacionados.

Una gran oportunidad es mejor que una pequeña, pero un pequeño problema es mejor que uno grande.

> «Lo que nos aparta de nuestra meta no son los obstáculos, sino tener el camino despejado hacia una meta menor».
>
> *Robert Brault*

A veces quieres el regalo más grande de los que están bajo el árbol navideño y otras veces quieres el más pequeño. Muchas veces una gran carcajada o un mar de llanto son justo lo que necesitas, y con la misma frecuencia una risilla y una lagrimita te bastarán. Grande y malo no están más vinculados entre sí de lo que lo están pequeño y bueno.

Eso de que lo grande es malo es mentira.

Y tal vez sea la peor de las mentiras, porque si tienes miedo de un gran éxito o bien lo evitarás o bien sabotearás tus esfuerzos por conseguirlo.

¿QUIÉN TEME AL GRANDE MALÍSIMO?

Si pones en el mismo saco «grande» y «resultados», mucha gente rechistará ante la idea. Si dices en la misma frase «grande» y «éxito», les vendrán a la mente palabras como *arduo, complicado* y *trabajoso.* Sus impresiones se resumirán prácticamente en: *difícil de conseguir* y *complicado de mantener,* y les invadirá una sensación de *agobio* e *intimidación.* Por algún motivo, tenemos miedo de que lograr un gran éxito conlleve una presión y un estrés abrumadores, de que buscar el éxito no sólo nos robará tiempo con la familia y los amigos, sino también la salud. Incrédulos ante nuestro derecho a lograr algo grande o temerosos de lo que podría ocurrir si lo intentamos y nos quedamos cortos, nos da vueltas la cabeza sólo con imaginárnoslo y de inmediato dudamos de nuestra capacidad para pensar a lo grande.

Todo esto fomenta un desasosiego ante la propia idea de lo grande. Podríamos inventar una nueva palabra: *megafobia,* miedo irracional a lo grande.

Cuando relacionamos grande con malo desencadenamos una sensación de retraimiento. Nos parece más seguro encoger nuestras aspiraciones. Nos parece más prudente quedarnos donde estamos. Pero ocurre justamente el efecto contrario: cuando pensamos que lo grande es malo, una mentalidad empequeñecida es la que domina nuestra vida y lo grande nunca llega a ver la luz del sol.

ERRAR DE PLANO

¿Cuántos barcos no navegaron por culpa de la creencia de que la Tierra era plana? ¿Cuánto progreso se vio obstruido porque el ser humano supuestamente no podía respirar bajo el agua, volar por el aire o aventurarse al espacio exterior? Históricamente, lo hemos hecho francamente mal a la hora de calcular dónde estaban nuestros límites. Lo bueno es que la ciencia no se basa en adivinar, sino en el arte de progresar.

Y lo mismo ocurre con tu vida.

Ninguno conocemos nuestros límites. Las fronteras y los márgenes pueden estar muy claros en los mapas, pero cuando los aplicamos a nuestra vida las líneas no son tan evidentes. Una vez me preguntaron si me parecía realista pensar a lo grande. Reflexioné un momento al respecto y luego dije: «Deja que te haga antes una pregunta: ¿sabes dónde están tus límites?». La respuesta fue: «No». Así que le dije que por eso mismo su pregunta era irrelevante. Nadie sabe a qué altura está el techo máximo de su éxito, así que preocuparse por ello es una pérdida de tiempo. ¿Qué pasaría si alguien te dijese que nunca vas a poder lograr nada por encima de determinada altura? ¿Que tienes que escoger un nivel máximo determinado que nunca podrás superar? ¿Qué techo escogerías? ¿Uno bajo o uno alto? Me parece que la respuesta está clara. En esa situación, todos haríamos lo mismo: optar por lo más alto. ¿Por qué? Porque nadie quiere limitarse.

Si te muestras dispuesto a asumir que lo grande tiene que ver con aquello en lo que quieres convertirte, entonces lo verás con otros ojos.

En este contexto, lo grande es un referente o indicador de lo que podríamos llamar un salto de las posibilidades. Es el becario de la oficina que visualiza la sala de juntas o el inmigrante sin dinero que imagina una empresa revolucionaria. Tiene que ver con ideas audaces que pueden amenazar tu zona de confort pero al mismo tiempo representar tus mayores oportunidades. Creer en lo grande te libera y te permite plantearte preguntas distintas, seguir caminos diferentes y probar cosas nuevas. Abre la puerta a posibilidades que hasta ahora sólo vivían en tu interior.

Sabeer Bhatia llegó a Estados Unidos sólo con 250 dólares en el bolsillo, pero no estaba solo. Sabeer llegó con grandes planes y con la convicción de que iba a ser capaz de levantar un negocio más deprisa que nadie en toda la historia. Y lo hizo. Creó Hotmail. Microsoft, testigo del meteórico ascenso de Hotmail, se lo acabó comprando por 400 millones de dólares.

Según su mentor, Farouk Arjani, el éxito de Sabeer estuvo directamente relacionado con su capacidad de pensar a lo grande. «Lo que hizo que Sabeer destacara de los centenares de emprendedores que he conocido fue la colosal envergadura de su sueño. Incluso antes de tener un producto, antes de tener ningún respaldo económico, estaba totalmente convencido de que iba a levantar una gran empresa valorada en cientos de millones de dólares. Sabeer tenía la firme convicción de que no montaría una empresa más de las muchas que ya había en Silicon Valley. Y con el tiempo me di cuenta de que, vaya, lo más probable era que la sacara adelante».

Para 2011 Hotmail estaba entre los proveedores de servicios de correo web de mayor éxito del mundo, con más de 360 millones de usuarios activos.

OPTAR POR LO GRANDE

Pensar a lo grande es esencial para obtener resultados extraordinarios. El éxito exige acción, y la acción exige reflexión. Pero hay una condición: las únicas acciones que sirven de trampolín para un gran éxito son aquellas que previamente parten de pensar a lo grande. Si haces esa conexión empezarás a entender la importancia que tiene pensar a lo grande.

Todo el mundo dispone de la misma cantidad de tiempo, y el trabajo duro no es más que el trabajo duro. Por consiguiente, lo que haces durante el tiempo que dedicas a trabajar determinará lo que logres. Y puesto que lo que haces está determinado por lo que piensas, cuanto más a lo grande pienses, mayores serán tus logros.

Míralo de este modo. Cada nivel de resultados exige su combinación única de lo que haces, cómo lo haces y con quién lo haces. El problema está en que esa combinación de qué, cómo y quién que te ha lle-

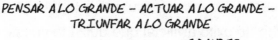

Fig. 13. La reflexión determina las acciones y las acciones determinan los resultados.

vado a determinado nivel de éxito no evolucionará de manera natural para tomar la forma de una combinación mejor que te lleve hasta el nivel siguiente. Hacer algo de determinada manera no siempre sienta los cimientos para hacer mejor otra cosa, ni tampoco una relación con una persona prepara automáticamente el escenario para una mejor relación con otra. Es una lástima, pero estas cosas no se basan unas en otras. Si aprendes a hacer algo de una manera y con una serie de relaciones determinadas, puede que te funcione bien hasta el momento en que quieras conseguir algo más.

Entonces es cuando descubres que has establecido un techo de éxito artificial que quizá te cueste mucho traspasar. De hecho, te has metido tú solo en una caja pequeña cuando hay una manera muy fácil de evitarlo. Piensa todo a lo grande que puedas y basa lo que haces, cómo lo haces y con quién lo haces en triunfar en ese nivel. De este modo, puede que te metas en una caja tan grande que necesites más tiempo del que vas a vivir para poder llegar a sus límites.

Cuando la gente habla de «reinventarse» profesionalmente, muchas veces la raíz del problema son esas cajas demasiado pequeñas. Lo que construyas hoy, mañana te fortalecerá o te limitará. Te servirá de plataforma para pasar al siguiente nivel de éxito o bien será como una caja que te atrapará allí donde estás.

Lo grande supone la mejor opción para lograr resultados extraordinarios hoy y mañana. Cuando Arthur Guinness fundó su primera fábrica de cerveza, firmó un arrendamiento de nueve mil años. Cuando J. K. Rowling concibió a Harry Potter, pensó a lo grande y previó una estancia de siete años en Hogwarts antes de ponerse a redactar el primer capítulo del primero de los siete libros. Antes de que Sam Walton abriese el primer Wal-Mart, proyectó un negocio de tales dimensiones que tuvo la necesidad de disponer por adelantado de un plan inmobiliario para minimizar los impues-

Fig. 14. Elige tu caja, elige tus resultados.

tos de transmisión patrimonial de su herencia. Al pensar a lo grande mucho antes de hacer algo grande, logró ahorrarle a su familia un total de entre once mil y trece mil millones de dólares en impuestos de transmisión patrimonial. Transferir los bienes de una de las empresas más grandes que jamás han existido con un costo de impuestos lo más reducido posible exige pensar a lo grande desde el principio.

Pensar a lo grande no sirve sólo para los negocios. Candace Lightner fundó Mothers Against Drunk Driving (Madres contra la conducción bajo los efectos del al-

> «El peldaño de una escalera de mano no está pensado para soportar tu peso, sino sólo para sostener tu pie el tiempo suficiente para que subas el otro pie al peldaño siguiente».
>
> *Thomas Henry Huxley*

cohol) en 1980, después de que su hija muriese atropellada por un conductor ebrio que se dio a la fuga. Hoy, la MADD ha salvado más de 300.000 vidas. Cuando tenía seis años, en 1998, a Ryan Hreljac le inspiraban las historias que contaba su profesor sobre ayudar a llevar agua potable a la población de África. Hoy su fundación, Ryan's Well (El pozo de Ryan), ha mejorado las condiciones de acceso al agua potable de más de 750.000 personas de 16 países. Derreck Kayongo se dio cuenta del despilfarro y del valor oculto que representaba poner un pequeño jabón nuevo cada día en los baños de los hoteles. Así que en 2009 creó el Global Soap Project, que ha suministrado más de 250.000 jabones a 21 países, lo que ha contribuido a reducir la mortalidad infantil gracias únicamente a dar a los menos privilegiados la oportunidad de lavarse las manos.

Plantearse grandes preguntas puede resultar descorazonador. Los grandes objetivos pueden parecer inasequibles a primera vista. Y, aun así, ¿cuántas veces te has puesto a hacer algo que en su momento parecía un imposible y luego has descubierto que era mucho más fácil de lo que pensabas? A veces las cosas son más sencillas de lo que creemos y, a decir verdad, otras son mucho más difíciles. Es entonces cuando debes darte cuenta de que en el proceso de conseguir algo grande también tú te haces grande. Lo grande exige crecer, y para cuando has llegado también tú has crecido. Lo que parecía una montaña insuperable desde cierta distancia se convierte en un pequeño montículo cuando llegas; por lo menos en comparación con la persona en la que te has convertido. Tu manera de pensar, tus habilidades, tus relaciones y tu sentido de lo que se puede hacer y de lo que cuesta hacerlo también crecen en ese camino hacia lo grande.

Cuando experimentas lo grande, también tú te vuelves grande.

EL GRAN IDEAL

Carol S. Dweck, psicóloga de Stanford, ha estudiado científicamente durante más de cuatro décadas cómo influye el concepto de nosotros mismos en nuestras acciones. Su trabajo ha proporcionado muchos conocimientos sobre por qué es tan importante pensar a lo grande.

En su trabajo con niños, Dweck descubrió que existen dos maneras de pensar: una «mentalidad de crecimiento», que suele pensar a lo grande, y una «mentalidad fija», que establece límites artificiales y evita el fracaso. Los alumnos con mentalidad de crecimiento, como ella los llama, se sirven de mejores estrategias de aprendizaje, sienten menos impotencia, muestran un esfuerzo más positivo y consiguen aprender más en clase que sus compañeros de mentalidad fija. Son menos propensos a poner límites a su vida y tienden más a alcanzar su potencial. Dweck señala que esas mentalidades pueden cambiar y que de hecho lo hacen. Como cualquier otro hábito, es cuestión de dedicar tu mente a ello hasta que dicha mentalidad se convierte en rutina.

Cuando Scott Forstall empezó a captar talentos para su recién formado equipo, les advirtió que aquel proyecto sumamente secreto iba a brindarles muchas oportunidades de «equivocarse y de pasarlo mal, pero tal vez acabemos por hacer algo que recordaremos toda la vida». Les daba este curioso discurso a superestrellas de toda la empresa, pero sólo se llevó para su equipo a aquellos que saltaron de inmediato ante el reto planteado. Estaba buscando a gente con «mentalidad de crecimiento», como más tarde le confirmó a Dweck después de haber leído su libro. ¿Qué importancia tiene esto? Aunque lo más probable es que nunca hayas oído mencionar a Forstall, seguro que sí has oído hablar de lo que creó su equipo. Forstall era uno de los vicepresidentes sénior de Apple, y el equipo que formó fue el que creó el iPhone.

AGRANDA TU VIDA

Lo grande implica grandeza, o sea, unos resultados extraordinarios. Si vas en pos de una gran vida estarás persiguiendo la vida más grande que seguramente puedas vivir. Para vivir a lo grande tienes que pensar a lo grande. Tienes que abrirte a la posibilidad de que tu vida y aquello que consigas lleguen a hacerse grandes. El éxito y la abundancia aparecen porque son el fruto natural de hacer las cosas correctas sin ponerse límites.

No temas a lo grande. Teme a la mediocridad. Teme al desaprovechamiento. Teme a no vivir a tope. Cuando tememos a lo grande nos predisponemos en su contra, consciente o inconscientemente. Optamos por buscar resultados y oportunidades menores o sencillamente huimos de los grandes. Si el coraje no es carecer de temor, sino superarlo, entonces pensar a lo grande no es carecer de dudas, sino superarlas. Sólo si vives a lo grande podrás alcanzar tu verdadero potencial en la vida y en el trabajo.

GRANDES IDEAS

1. **Piensa a lo grande.** Evita pensar de manera gradual y limitarte a preguntar: ¿qué hago ahora? Esto, en el menor de los casos, es el carril más lento al éxito y, en el peor, el carril directo de salida. Una buena regla de oro consiste en redoblar los esfuerzos en todo lo que hagas. Si tu objetivo es diez, pregúntate: «¿Cómo puedo conseguir veinte?» Ponte un límite mucho más alto que lo que pretendes, de tal modo que tu plan prácticamente te garantice el objetivo inicial.

2. **No pidas platos de la carta.** La celebrada campaña publicitaria «Think Different» lanzada por Apple en 1997 mostraba a iconos como Mohamed Ali, Dylan, Einstein, Hitchcock, Picasso, Gandhi y otros que «vieron las cosas de manera distinta» y que lograron transformar el mundo que conocemos. La cuestión es que no escogieron entre las opciones disponibles, sino que imaginaron resultados que nadie había concebido antes. Hicieron caso omiso de la carta y pidieron platos de su propia creación.

Como nos recuerda ese anuncio: «Las personas que están lo suficientemente locas para creer que pueden cambiar el mundo son las únicas que pueden hacerlo».

3. **Actúa con audacia.** Los grandes pensamientos no llevan a nada sin acciones audaces. Una vez te hayas hecho una gran pregunta, detente a imaginar qué aspecto tendrá la vida gracias a esa respuesta. Si no eres capaz de imaginarlo, estudia a quienes ya lo hayan logrado. ¿Cuáles son los modelos, los sistemas, los hábitos y las relaciones de otras personas que hayan encontrado la respuesta? Por mucho que nos guste creer que somos todos distintos, lo que funciona de manera coherente para los demás casi siempre nos funcionará también a nosotros.

4. **No temas al fracaso.** El fracaso forma parte del camino hacia unos resultados extraordinarios tanto como el éxito. Adopta una mentalidad de crecimiento y no tengas miedo de adónde pueda llevarte. Los resultados extraordinarios no se logran únicamente a partir de otros resultados extraordinarios. También se consiguen a partir del fracaso. En realidad, no es desacertado decir que vamos fracasando en nuestro camino hacia el éxito. Cuando fallamos, nos detenemos y nos preguntamos qué necesitamos para triunfar, aprendemos de nuestros errores y cre-

cemos. No tengas miedo a fracasar. Míralo como una parte de tu proceso de aprendizaje y sigue esforzándote por alcanzar tu verdadero potencial.

No dejes que pensar en pequeño haga menguar el tamaño de tu vida. Piensa a lo grande, apunta alto y actúa con audacia. Y verás lo mucho que lograrás agrandar tu vida.

LA VERDAD
EL CAMINO DIRECTO
A LA PRODUCTIVIDAD

Durante muchos años he sufrido por tratar de vivir en función de las mentiras del éxito.

Empecé mi carrera dando por sentado que todo importaba por igual, así que, con la intención de abarcarlo todo, me embarqué en demasiadas cosas a la vez. Frustrado, acabé por dudar de si realmente tenía la disciplina o la voluntad necesarias para triunfar. Como mi vida no dejaba de desequilibrarse, empecé a plantearme si no sería malo tratar de vivir una gran vida. Cuando intentas vivir a la altura de algo que no es posible puedes sufrir un buen bajón.

«Cuidado con cómo interpretas el mundo; es así».

Erich Heller

Yo sufrí un buen bajón.

En un intento de hacer que las cosas funcionaran, empecé a esforzarme con mayor ahínco todavía. Podría decirse que empecé a apretar el paso hacia el éxito. De verdad que lo hice. Creía que aquel podía ser el modo de avanzar por la vida, con la mandíbula apretada, el puño apretado, el estómago encogido y el culo igual. Empujando hacia adelante, conteniendo la respiración y con el cuerpo tenso, duro y completamente contraído. Me limité a asumir que así se siente uno cuando se concentra con intensidad mientras me esforzaba por vivir con las mentiras. Esa estrategia acabó funcionando, pero también me llevó de cabeza al hospital.

También empecé a pensar que tenía que hablar como un triunfador, caminar como un triunfador e incluso vestirme como un triunfador. Yo no era así, pero estaba dispuesto a hacer que las cosas funcionaran fuera como fuera, así que me tomé en serio la idea de que uno debe supuestamente proyectar la imagen de lo que quiere ser. Ese procedimiento también funcionó, pero al cabo de un tiempo acabé por cansarme de «jugar» al éxito.

Me creí lo de levantarme antes de que saliera el sol, espabilarme, acelerarme escuchando canciones motivadoras y ponerme en acción antes que los demás.

De hecho, tanto me empapé de esta forma de pensar que era capaz de conducir hasta la oficina mientras el resto de la ciudad dormía y luego caer rendido sobre la mesa de mi despacho sólo para asegurarme de que llegaba al trabajo antes que nadie. Empecé a aceptar la idea de que tal vez así eran la ambición y el éxito cuando uno luchaba por ellos. Convocaba reuniones de personal a las siete y media de la mañana y a las siete y treinta y uno cerraba la puerta y dejaba fuera a cualquiera que llegara tarde. Me estaba pasando de la raya, pero empezaba a creer que aquella era la única manera de triunfar, además de la manera de empujar a otros al éxito. Esa estrategia también funcionó, pero al final me sometió a demasiada presión, me alejó de los demás y empujó mi mundo al borde del precipicio.

Empecé a pensar en serio que el secreto del éxito consistía en someterme a la máxima tensión posible cada mañana hasta echar chispas y luego abrir la puerta y recorrer el día volando a toda velocidad, soltando esa tensión por el mundo, hasta literalmente quemarme.

¿Y qué conseguí con todo esto? Conseguí el éxito. Y conseguí enfermar. Con el tiempo acabé enfermando de éxito.

¿Y qué hice entonces? Dejé de lado las mentiras y me encaminé en dirección opuesta. Me uní a «superexitosos anónimos» y me posicioné en contra de todas las «tácticas para triunfar» que supuestamente llevaban al éxito.

Lo primero de todo, me libré de la tensión. Empecé a escuchar de verdad a mi cuerpo, aminoré el ritmo y me relajé. Después empecé a llevar camisetas y *jeans* para ir a trabajar y desafié a quienquiera que hiciera algún comentario al respecto. Abandoné aquel lenguaje y aquella actitud y volví a ser yo mismo. Volví a desayunar con mi familia. Me puse en forma tanto física como espiritualmente y me mantuve en forma. Y, por último, empecé a hacer menos cosas. Sí, menos. Menos de manera intencionada, a propósito. Aflojé como nunca había aflojado, despreocupándome como nunca había hecho y respirando. Cuestioné los axiomas del éxito y ¿qué pasó? Que tuve más éxito del que jamás había soñado alcanzar y me sentí mejor de lo que me había sentido en mi vida.

Esto es lo que descubrí: que pensamos, planeamos y analizamos en exceso nuestras carreras profesionales, nuestros negocios y nuestras vidas; que tanta hora extra no es ni una virtud ni bueno para la salud y que normalmente triunfamos *a pesar* de lo que hacemos, no *gracias* a ello. Me di cuenta de que no sabemos gestionar bien el tiempo y de que la clave para triunfar no está en todas las cosas que hacemos, sino en el puñado de cosas que hacemos bien.

Aprendí que el éxito se reduce a esto: saber estar en sintonía con el momento que estás viviendo. Si eres capaz de decir con franqueza: «Aquí es donde debo estar ahora, haciendo exactamente lo que estoy haciendo», entonces se hacen posibles todas las increíbles posibilidades de tu vida.

Y, por encima de todo, aprendí que la verdad que lleva a obtener resultados extraordinarios es hacer *LO ÚNICO*.

10

La pregunta esencial

El 23 de junio de 1885, en la ciudad de Pittsburgh, Pensilvania, Andrew Carnegie se dirigió a los alumnos del Curry Commercial College. En la cima de su éxito, la empresa acerera Carnegie Steel Company era la mayor y más rentable corporación industrial del mundo. Carnegie se convertiría más tarde en el segundo hombre más rico de la historia, después de John D. Rockefeller. En la charla de Carnegie, titulada «El camino al éxito en los negocios», habló de su vida como empresario de éxito y ofreció este consejo:

«Es todo un arte ordenar el desbarajuste y centrarse en lo más importante. Es fácil y transferible. Sólo exige tener el valor de adoptar un enfoque distinto».

George Anders

Y esta es la condición esencial del éxito, el gran secreto: concentra tu energía, tu pensamiento y tu capital exclusivamente en el negocio en el que te has embarcado. Una vez adoptes una línea, muéstrate resuelto a pelear en esa línea y a liderarla, acoge cualquier mejora, dispón de la mejor maquinaria y aprende todo lo que puedas de ella. Las empresas que fracasan son aquellas que han dispersado su capital, lo que significa que han dispersado también sus mentes. Han invertido en esto, en aquello y en lo otro, aquí, allí y en todas partes. Lo de «No pongas todos los huevos en la misma canasta» es falso. Yo digo: «Pon todos los huevos en una misma canasta y luego vigila esa canasta». Mira a tu alrededor y pon atención: las personas que no lo hacen suelen fracasar. Es fácil vigilar y llevar a la vez una canasta. Lo que hace que se rompan más huevos en este país es tratar de llevar demasiadas canastas.

¿Y cómo saber entonces qué cesta escoger? Esa es la pregunta esencial.

Mark Twain pensaba como Carnegie y lo describió como sigue:

El secreto para salir adelante es empezar. El secreto de empezar es dividir las tareas complejas que te agobian en tareas pequeñas y manejables y entonces empezar por la primera.

¿Y cómo saber cuál debería ser la primera? Esa es la pregunta esencial.

¿Te das cuenta de que estos dos grandes hombres consideraban su consejo un «secreto»? Yo no creo que sea tanto un secreto como algo que la gente sabe pero a lo que no le atribuye la importancia o la relevancia que merece.

A casi todo el mundo le suena el proverbio chino que reza: «Un viaje de mil kilómetros comienza por el primer paso». Pero nunca se paran a valorar detenidamente que, en caso de que eso sea cierto, entonces si das mal ese primer paso el camino que emprendes podría terminar a dos mil kilómetros o más del sitio a donde quieres llegar. La pregunta esencial impide que tu primer paso sea un paso en falso.

LA VIDA ES UNA PREGUNTA

Puede que te preguntes: «¿Por qué centrarme en una pregunta si lo que de verdad anhelo es una respuesta?» Es fácil. Las respuestas vienen de las preguntas, y la calidad de cualquier respuesta viene directamente determinada por la calidad de la pregunta. Si planteas la pregunta equivocada, obtendrás la respuesta equivocada. Si planteas la pregunta correcta, obtendrás la respuesta correcta. Si planteas la pregunta más potente posible, la respuesta puede ser de las que te cambien la vida.

Voltaire escribió: «Juzga a un hombre por sus preguntas y no por sus respuestas». A lo que sir Francis Bacon añadió: «Una pregunta prudente es la mitad de la sabiduría». Indira Gandhi lo resumió en que «el poder de cuestionar es la base de todo progreso humano». Las grandes preguntas son claramente el camino más rápido a las grandes respuestas. Todo descubridor o inventor da inicio a su investigación a partir de una pregunta transformadora. El método científico plantea cuestiones sobre el universo en forma de hipótesis. El método socrático, de más de dos mil años de antigüedad y consistente en enseñar mediante preguntas, todavía lo aplican docentes desde las alturas académicas de la Facultad de Derecho de Harvard hasta las aulas de la escuela infantil del barrio. Las preguntas engranan nuestro pensamiento crítico. La investigación ha demostrado que hacerse preguntas incrementa el aprendizaje y el rendimiento hasta en un 150 por ciento. Al fin y al cabo, es difícil cuestionar lo que dijo la escritora Nancy Willard: «A veces las preguntas son más importantes que las respuestas».

La primera vez que me di cuenta del poder de las preguntas fue de joven. Leí un poema que me afectó profundamente y que siempre he llevado conmigo desde entonces.

MI SALARIO

J. B. Rittenhouse
A la Vida un penique le regateé
y ni uno más me quiso pagar
por mucho que esa noche le rogué
tras mis escasos dineros contar.
Pues la Vida es patrón severo
y aquello que le pides lo cobras,
pero una vez fijes el dinero
tendrás que acabar tus obras.
Trabajé por míseros salarios
sólo para entender, consternado,
que a la Vida le pides honorarios
y la Vida te los paga de buen grado.

Los dos últimos versos merecen que los repita: «... a la Vida le pides honorarios / y la Vida te los paga de buen grado». Uno de los momentos más motivadores de mi vida se produjo cuando me di cuenta de que la vida es una pregunta y nuestra manera de vivir es la respuesta. El modo en que formulamos las preguntas que nos hacemos determina las respuestas que acaban por convertirse en nuestra vida.

La dificultad estriba en que la pregunta adecuada no siempre resulta obvia. La mayoría de las cosas que queremos no vienen con un mapa de accesos o un manual de instrucciones, por lo que formular la pregunta correcta puede ser difícil. Esa lucidez debe salir de nosotros mismos. Parece ser que nosotros hemos de concebir nuestra trayectoria, trazar nuestros mapas y fabricar nuestra brújula. Para dar con las respuestas que buscamos, deberemos inventarnos las preguntas adecuadas, así que no nos queda más que concebirlas por nuestra cuenta. ¿Y cómo lo hacemos? ¿Cómo damos con preguntas poco comunes que nos lleven a respuestas poco comunes?

Haciéndonos una pregunta: la pregunta esencial.

Cualquiera que sueñe con una vida que se salga de lo común acaba por descubrir que no tiene otra opción que buscar una manera poco común de vivirla. La pregunta esencial es esa manera poco común. En un mundo sin instrucciones, constituye la fórmula para

encontrar respuestas excepcionales que lleven a resultados extraordinarios.

¿Qué es LO ÚNICO que puedo
hacer gracias a lo cuál todo
lo demás me resulte
más fácil o innecesario?

La pregunta esencial es tan decepcionantemente simple que es fácil que quien no la examine atentamente
desestime su poder. Pero eso sería un error. La pregunta esencial no sólo puede llevarte a responder a la
visión de conjunto (¿Adónde voy? ¿Qué meta debería
marcarme?), sino también a objetivos puntuales más
pequeños (¿Qué he de hacer ahora mismo para ponerme en el buen camino a fin de entender la visión de
conjunto? ¿Dónde está el centro de la diana?). No sólo
te dice cuál debería ser tu canasta, sino que supone
el primer paso para conseguirla. Te muestra lo grande
que puede ser tu vida, pero también hasta qué punto
debes simplificar para alcanzarla. Es tanto un mapa de
la visión general como una brújula para guiarte en tu
siguiente acción puntual.

Los resultados extraordinarios rara vez se dan por casualidad. Son fruto de las decisiones que tomamos y de las acciones que emprendemos. La pregunta esencial siempre dirige tus pasos hacia lo mejor de ambas cosas al obligarte a hacer aquello que resulta esencial para tener éxito: tomar una decisión. Pero no te lleva a tomar una decisión cualquiera, sino la mejor decisión. Te hace ignorar lo que es factible y ahondar hasta lo que es necesario, lo que importa.

Te lleva a la primera ficha del dominó.

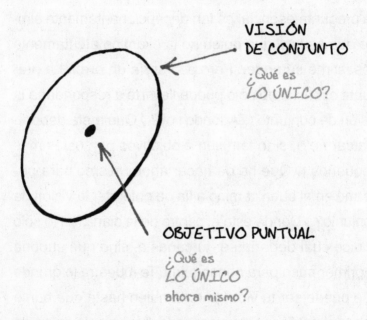

VISIÓN
DE CONJUNTO
¿Qué es
LO ÚNICO?

OBJETIVO PUNTUAL
¿Qué es
LO ÚNICO
ahora mismo?

Fig. 15. La pregunta esencial es un mapa de la visión general y una brújula de pequeñas acciones puntuales.

Para mantenerse en el buen camino y vivir cada día, cada mes, cada año o toda una vida profesional lo mejor posible, hay que seguir haciéndose continuamente la pregunta esencial. Si te la haces una y otra vez, te obligará a organizar las tareas en su correspondiente orden de importancia. Y así cada vez que te la plantees verás cuál es tu siguiente prioridad. La fuerza de este método está en que te impone cumplir una tarea encima de otra. Si haces primero la tarea correcta, también te armas con la mentalidad apropiada, las habilidades adecuadas y las relaciones idóneas. Tus acciones, impulsadas por la pregunta esencial, se convierten en una progresión natural mediante la que elaboras algo correcto a partir de algo precedente también correcto. Cuando ocurre esto te hallas en disposición de experimentar la fuerza del efecto dominó.

ANATOMÍA DE LA PREGUNTA

La pregunta esencial reduce todas las posibles preguntas a una sola: «¿Qué es *LO ÚNICO* que puedo hacer / gracias a lo cual / todo lo demás me resulte más fácil o innecesario?».

PRIMERA PARTE: QUÉ ES LO ÚNICO QUE PUEDO HACER...

Esta parte hace hincapié en la acción focalizada. «Qué es *LO ÚNICO*...» te dice que la respuesta consistirá en una idea única en lugar de muchas. Te dirige a algo específico. Te dice de buenas a primeras que, aunque puedas tener en cuenta varias opciones, tendrás que tomarte en serio ésta porque no optarás por dos, tres, cuatro o más cosas. No puedes repartir tus apuestas para jugar sobre seguro. Sólo puedes escoger una cosa, *LO ÚNICO*.

El segundo segmento, «... que puedo hacer...», es una orden que te conmina a llevar a cabo una acción que es posible. Muchas veces la gente quiere cambiarlo por «debería hacer» o «podría hacer», pero esas opciones no interesan. Son muchas las cosas que podríamos o deberíamos hacer pero que nunca hacemos. Con una acción que «puedes hacer» la intención no cuenta.

SEGUNDA PARTE: ... GRACIAS A LO CUAL...

Esto te dice que tu respuesta debe cumplir ciertos criterios. Es el puente entre limitarse a hacer algo y hacer algo con un propósito determinado. Ese «... gracias a lo cual...» te indica que vas a tener que profundizar, porque cuando hagas LO ÚNICO algo más va a ocurrir.

TERCERA PARTE: ... TODO LO DEMÁS ME RESULTE MÁS FÁCIL O INNECESARIO

Arquímedes dijo: «Dadme un punto de apoyo y moveré el mundo». Y eso es exactamente lo que esta última parte de la pregunta te dice que encuentres.

> «Pero todos esos "podría" y "debería" desaparecen del mapa en cuanto llega el "hice"».
>
> *Shel Silverstein*

Ese «... todo lo demás me resulte más fácil o innecesario» es la prueba por excelencia de cómo aprovechar un punto de apoyo. Te dice cuándo has dado con la primera ficha del dominó. Te dice que, cuando hagas LO ÚNICO que tienes que hacer, cualquier otra acción que pudieras emprender para alcanzar tu objetivo te será ahora más fácil o incluso ya no será necesario emprenderla. A mucha gente le cuesta hacerse una idea de la cantidad de cosas que no haría falta hacer si simplemente empezaran por hacer la cosa correcta. De hecho, esta parte calificadora de la pregunta pretende hacer a un lado el desorden de tu vida al pedirte que te pongas unas anteojeras. De ese modo se elevan las posibilidades de que cambies tu vida al hacer esa cosa esencial y evitar cualquier distracción.

La pregunta esencial te pide que encuentres la primera ficha del dominó y que te centres en ella hasta que logres derribarla. Una vez la hayas hecho caer, descubrirás que detrás de ella sigue una hilera de fichas de dominó que están a punto de caer, si es que no han caído ya.

GRANDES IDEAS

1. **Las grandes preguntas son el camino a las grandes respuestas.** La pregunta esencial es una gran pregunta diseñada para hallar una gran respuesta. Te ayudará a encontrar la primera ficha del dominó tanto en tu trabajo o tu empresa como en cualquier otro ámbito en el que quieras obtener resultados extraordinarios.

2. **La pregunta esencial es una pregunta doble.** Aborda dos áreas: la visión general y los asuntos puntuales. La primera tiene que ver con encontrar la dirección correcta en la vida y la segunda, con encontrar acciones concretas.

Sólo una cosa

3. **La pregunta esencial general: «¿Qué es** *LO ÚNICO* **que tengo que hacer?».** Úsala para dar con una visión que te sirva en la vida y una dirección que te sirva en tu empresa o tu trabajo. Es tu brújula estratégica. También funciona cuando te plantees qué es lo que quieres dominar, qué quieres dar a los demás y a tu comunidad y cómo quieres ser recordado. Te hace conservar la perspectiva en las relaciones con amigos, familiares y compañeros y mantener tus acciones cotidianas por el buen camino.

4. **La pregunta esencial puntual: «¿Qué es** *LO ÚNICO* **que tengo que hacer ahora mismo?».** Úsala nada más levantarte y a lo largo de toda la jornada. Te mantiene centrado en tu tarea más importante y, cuando la necesites, te ayudará a encontrar la «acción de punto de apoyo» o la primera ficha del dominó en cualquier actividad que emprendas. La pregunta esencial puntual te prepara para empezar la semana laboral de la manera más productiva. También resulta eficaz para tu vida personal, pues te mantiene atento a tus necesidades inmediatas más importantes, así como a las de las personas más importantes de tu vida.

Plantearte la pregunta esencial genera resultados extraordinarios. Es la manera de trazar tu rumbo en la vida y en el trabajo y el mejor modo de progresar en tu tarea más importante.

Ya busques respuestas grandes o pequeñas, plantearte la pregunta esencial es el mejor hábito que puedes adquirir en la vida.

II

El hábito del éxito

Ya sabes cómo son los hábitos. Puede costar lo suyo librarse de ellos... y también adquirirlos. Pero no dejamos de adquirir hábitos todo el tiempo, sin darnos cuenta. Cada vez que empezamos a pensar o a actuar de una manera y la mantenemos durante un periodo prolongado nos hemos creado un nuevo hábito. La elección a la que nos enfrentamos es la de si queremos o no adquirir hábitos que nos brinden aquello que deseamos de la vida. Si es así, entonces la pregunta esencial es el hábito para el éxito más potente que podemos adquirir.

> «Tener éxito es fácil. Haz lo correcto de la manera idónea en el momento oportuno».
>
> *Arnold H. Glasow*

Para mí, la pregunta esencial es un modo de vida. La uso para encontrar mi prioridad más acuciante, para aprovechar a tope mi tiempo y para obtener el máximo rendimiento de mi dinero. Me la hago cada vez que el resultado importa de verdad. Me la hago cuando me levanto por la mañana. Me la hago cuando llego al trabajo y me la vuelvo a hacer cuando regreso a casa. *¿Qué es LO ÚNICO que puedo hacer gracias a lo cual todo lo demás me resulte más fácil o innecesario?* Y cuando sé la respuesta, sigo preguntándomelo hasta que soy capaz de ver todas las conexiones y hasta que todas mis fichas de dominó están bien alineadas.

Por supuesto, puedes volverte loco si te dedicas a analizar hasta el menor aspecto de todo lo que puedes llegar a hacer. Yo no lo hago, y tú tampoco deberías hacerlo. Empieza por lo grande y espera a ver adónde te lleva eso. Con el tiempo desarrollarás un sentido propio para decidir cuándo hacerte la pregunta esencial general o la puntual.

La pregunta esencial es el hábito fundamental que me sirve para obtener resultados extraordinarios y llevar una gran vida. La uso para unas cuantas cosas y nunca para otras. La aplico a las áreas importantes de mi existencia: la vida espiritual, la salud, la vida personal, las relaciones importantes, el trabajo, la empresa y las finanzas. Y abordo estas áreas en ese mismo orden: cada una es el fundamento de la siguiente.

Como quiero que mi vida importe, abordo estas áreas haciendo lo que más importa de cada una de ellas. Las considero las piedras angulares de mi vida y he descubierto que cuando hago lo más importante en cada una de esas áreas mi vida parece discurrir suave como la seda.

La pregunta esencial puede dirigirte a LO ÚNICO en cada una de las áreas de tu vida. No tienes más que reformular la pregunta esencial insertando en ella el ámbito que te interese. También puedes incluir un marco temporal determinado, bien para dotar a tus preguntas del grado de inmediatez que desees —como «ahora mismo» o «este año»— o bien para buscar una respuesta más global que apunte a objetivos de alcance más general —como «en cinco años» o «algún día»—.

Aquí tienes unas cuantas preguntas esenciales que puedes plantearte. Nombra primero la categoría, luego di la pregunta, incorpórale un marco temporal y acaba añadiendo «y gracias a lo cual todo lo demás me resulte más fácil o innecesario». Por ejemplo: «Para mi trabajo, ¿qué es LO ÚNICO que puedo hacer para garantizar que cumplo mis objetivos de esta semana y gracias a lo cual todo lo demás me resulte más fácil o innecesario?»

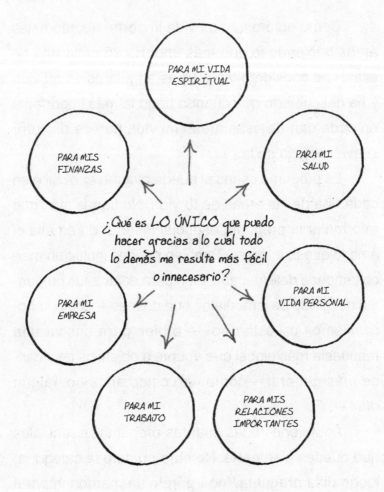

Fig. 16. Mi vida y las áreas de ella que más importan.

PARA MI VIDA ESPIRITUAL

- ¿Qué es *LO ÚNICO* que puedo hacer para ayudar a otros...?

- ¿Qué es *LO ÚNICO* que puedo hacer para mejorar mi relación con Dios...?

PARA MI SALUD

- ¿Qué es *LO ÚNICO* que puedo hacer para alcanzar mis objetivos dietéticos...?
- ¿Qué es *LO ÚNICO* que puedo hacer para asegurarme de hacer ejercicio...?
- ¿Qué es *LO ÚNICO* que puedo hacer para aliviar mi estrés...?

PARA MI VIDA PERSONAL

- ¿Qué es *LO ÚNICO* que puedo hacer para mejorar mi habilidad en _____ ...?
- ¿Qué es *LO ÚNICO* que puedo hacer para encontrar más tiempo para mí...?

PARA MIS RELACIONES IMPORTANTES

- ¿Qué es *LO ÚNICO* que puedo hacer para mejorar la relación con mi pareja...?
- ¿Qué es *LO ÚNICO* que puedo hacer para mejorar el rendimiento escolar de mis hijos...?
- ¿Qué es *LO ÚNICO* que puedo hacer para mostrarles afecto a mis padres...?
- ¿Qué es *LO ÚNICO* que puedo hacer para fortalecer mis lazos familiares...?

PARA MI TRABAJO

- ¿Qué es *LO ÚNICO* que puedo hacer para garantizar que cumplo mis objetivos...?
- ¿Qué es *LO ÚNICO* que puedo hacer para mejorar mis capacidades...?
- ¿Qué es *LO ÚNICO* que puedo hacer para contribuir al éxito de mi equipo...?
- ¿Qué es *LO ÚNICO* que puedo hacer para avanzar en mi carrera profesional...?

PARA MI EMPRESA

- ¿Qué es *LO ÚNICO* que puedo hacer para que seamos más competitivos...?
- ¿Qué es *LO ÚNICO* que puedo hacer para que nuestro producto sea el mejor...?
- ¿Qué es *LO ÚNICO* que puedo hacer para que seamos más rentables...?
- ¿Qué es *LO ÚNICO* que puedo hacer para mejorar la experiencia de nuestros clientes...?

PARA MIS FINANZAS

- ¿Qué es *LO ÚNICO* que puedo hacer para incrementar mis ingresos netos...?
- ¿Qué es *LO ÚNICO* que puedo hacer para mejorar el rendimiento de mis inversiones...?

- ¿Qué es *LO ÚNICO* que puedo hacer para librarme de la deuda de las tarjetas de crédito...?

GRANDES IDEAS

Así pues, ¿cómo hacer para que *LO ÚNICO* entre a formar parte de tu rutina diaria? ¿Cómo fortalecerlo para lograr resultados extraordinarios en el trabajo y en los demás ámbitos de la vida? Aquí tienes una lista de ideas obtenidas de la experiencia propia y de nuestro trabajo con otros:

1. **Compréndelo y cree en él.** El primer paso es comprender el concepto de *LO ÚNICO,* y después comprender que puede cambiar las cosas en tu vida. Si no lo comprendes ni crees en él, no lo aprovecharás.
2. **Úsalo.** Hazte la pregunta esencial. Empieza preguntándote cada mañana: *¿Qué es LO ÚNICO que puedo hacer hoy para [lo que sea], gracias a lo cual todo lo demás me resulte más fácil o innecesario?* Cuando lo hagas verás más claro qué dirección tomar. Tu trabajo será más productivo y tu vida personal más satisfactoria.
3. **Conviértelo en un hábito.** Cuando conviertes en un hábito plantearte la pregunta esencial sacas el

máximo partido a su poder para obtener los resultados extraordinarios que esperas. Ese hábito puede hacer que todo cambie. Según las investigaciones, te costará unos 66 días. Pero ya tardes unas cuantas semanas o unos meses, aférrate a él hasta que se convierta en una rutina. Si no te tomas en serio adquirir el «hábito del éxito» es que no te tomas en serio obtener resultados extraordinarios.

4. **Recordatorios para triunfar.** Búscate algún método para acordarte de usar la pregunta esencial. Una de las mejores maneras de hacerlo es colgar en tu oficina un cartel que rece: «Hasta que *LO ÚNICO* no esté hecho, todo lo demás es una distracción». Hemos diseñado la contracubierta de este libro para que te sirva de ayuda: ponla en algún sitio de tu lugar de trabajo para que sea lo primero que veas al llegar. Utiliza notas, salvapantallas y calendarios para mantener la conexión entre el «hábito del éxito» y los resultados que pretendes lograr. Emplea recordatorios como: «*LO ÚNICO* = Resultados extraordinarios» o «El hábito del éxito me llevará hasta la meta que busco».

5. **Búscate apoyos.** Los estudios dicen que aquellos que te rodean pueden influir tremendamente en ti. Organizar un grupo de apoyo para el éxito con algunos de tus colegas de trabajo puede contribuir

a que todos pongan en práctica el «hábito del éxito» cada día. Involucra a tu familia. Comparte con ellos LO ÚNICO. Haz que participen. Emplea la pregunta esencial para mostrarles de qué manera el «hábito del éxito» puede implicar una mejora de su rendimiento escolar, de sus logros personales o de cualquier otro ámbito de su vida.

Este hábito puede convertirse en el fundamento de muchos otros, de modo que mantén tu «hábito del éxito» funcionando a toda la potencia que puedas. Emplea las estrategias señaladas en el capítulo 3: «Resultados extraordinarios» para marcarte metas y reservarte tiempo y experimentar así resultados extraordinarios cada día de tu vida.

12

El camino a las grandes respuestas

La pregunta esencial te ayuda a identificar *LO ÚNICO* en cualquier situación. Te aclarará qué es lo que quieres en las grandes áreas de tu vida y después te hará profundizar hasta que sepas qué hacer para lograrlo. Es un proceso verdaderamente sencillo: te haces una gran pregunta y luego buscas una gran respuesta. Ese es el «hábito del éxito», en dos simples pasos.

> «Las personas no deciden su futuro, deciden sus hábitos, y son sus hábitos los que deciden su futuro».
>
> F. M. Alexander

Fig. 17. Dos pasos para obtener resultados extraordinarios.

1. HAZTE UNA GRAN PREGUNTA

La pregunta esencial te ayuda a formular una gran pregunta. Las grandes preguntas, como los grandes objetivos, son grandes y concretas. Te impulsan, hacen

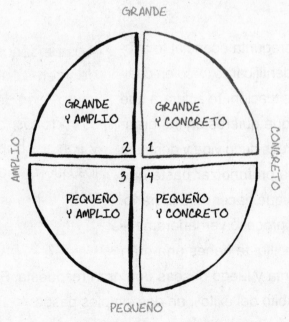

Fig. 18. Cuatro opciones para formular una gran pregunta.

Sólo una cosa

que des lo máximo de ti y te llevan a respuestas grandes y concretas. Y, como están planteadas de manera
mensurable, no dejan margen acerca de cómo serán
los resultados.

Observa el esquema de la «gran pregunta» (figura 18) para ver el poder que tiene la pregunta esencial.

Tomemos como ejemplo un incremento de ventas
para desglosar cada uno de los cuadrantes del esquema, empleando «¿Qué puedo hacer para duplicar las
ventas en seis meses?» como punto de partida para
el cuadrante «Grande y concreto» (figura 19).

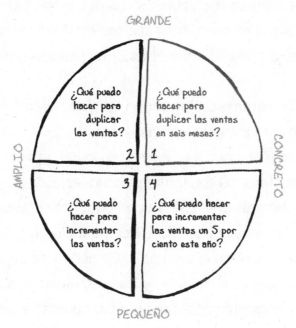

Fig. 19. Ejemplo de las cuatro opciones para formular una gran pregunta.

Ahora examinemos los pros y contras de la pregunta de cada cuadrante, terminando por aquel que nos interesa: «Grande y concreto».

Cuadrante 4. Pequeño y concreto. «¿Qué puedo hacer para incrementar las ventas un 5 por ciento este año?». Esta pregunta te dirige hacia algo concreto, pero lo cierto es que no representa ningún desafío. Para la mayoría de los profesionales de las ventas, un incremento del 5 por ciento puede producirse tranquilamente porque el mercado ha dado un giro a nuestro favor sin que nosotros hayamos hecho nada especial. Como mucho, se trata de un beneficio gradual, no un salto adelante que cambie las cosas. Los objetivos poco ambiciosos no necesitan acciones extraordinarias, por lo que rara vez llevan a obtener resultados extraordinarios.

Cuadrante 3. Pequeño y amplio. «¿Qué puedo hacer para incrementar las ventas?». Esta no es en realidad una pregunta cuyo fin sea lograr nada. Es más una pregunta del tipo tormenta de ideas. Está muy bien para elaborar una lista de opciones, pero hace falta más para reducir esas opciones y simplificar. ¿Cuánto se incrementarán tus ventas? ¿En qué fecha lo harán? Por desgracia, esta es la típica pregunta que la gente se suele formular, para después preguntarse por qué sus respuestas no le brindan resultados extraordinarios.

Cuadrante 2. Grande y amplio. «¿Qué puedo hacer para duplicar las ventas?». Aquí ya tienes una buena pregunta, aunque nada concreta. Es un buen comienzo, pero la ausencia de especificidad nos deja más preguntas que respuestas. Duplicar las ventas en los próximos veinte años es muy distinto de pretender llegar a ese mismo objetivo en un año o menos. Todavía se te presentan demasiadas opciones, y sin nada concreto no sabrás por dónde empezar.

Cuadrante 1. Grande y concreto. «¿Qué puedo hacer para duplicar las ventas en seis meses?». Aquí ya tienes todos los elementos de una gran pregunta. Un gran objetivo que, además, es concreto. Estás duplicando las ventas, lo cual no es fácil. Pero además tienes un marco temporal de seis meses, lo cual es todo un desafío. Necesitarás una gran respuesta. Ahora tendrás que pensar que aquello en lo que crees es factible y buscar más allá de las herramientas estándar para dar con una solución.

¿Ves la diferencia? Cuando te planteas grandes preguntas, lo que haces en esencia es ir en pos de una gran meta. Y siempre que lo hagas verás el mismo patrón: grande y concreto. Una pregunta grande y concreta lleva a una respuesta grande y concreta, lo cual es absolutamente necesario para alcanzar un gran objetivo.

Entonces, si «¿Qué puedo hacer para duplicar las ventas en seis meses?» es una gran pregunta, ¿cómo hacer que sea más poderosa? Convirtiéndola en la pregunta esencial: «¿Qué es LO ÚNICO que puedo hacer para duplicar las ventas en seis meses y gracias a lo cual todo lo demás me resulte más fácil o innecesario?». Cuando la convertimos en la pregunta esencial llegamos hasta el corazón mismo del éxito al obligarnos a identificar aquello que más importa y tomarlo como punto de partida. ¿Por qué?

Porque ese es también el punto de partida de un gran éxito.

2. ENCUENTRA UNA GRAN RESPUESTA

La dificultad que entraña plantearse una gran pregunta es que, una vez que te la has hecho, te enfrentas ahora a encontrar una gran respuesta.

Las respuestas se dividen en tres categorías: factible, asequible y posible. La respuesta más fácil que puedes buscar es la que ya tienes al alcance de tus conocimientos, tus habilidades y tu experiencia. En el caso de este tipo de soluciones, lo más probable es que ya sepas cómo hacerlo y que no tengas que cambiar muchas cosas para lograrlo. Considéralo como «factible» y muy fácil de lograr.

El siguiente nivel es el de la respuesta «asequible». Aunque ésta esté todavía a tu alcance, puede que se halle en el extremo más alejado de tu radio de acción. Lo más seguro es que tengas que investigar un poco y estudiar lo que han hecho otros para dar con esta respuesta. Puede resultar algo costoso e incierto, ya que tendrás que estirarte hasta los mismos límites de tus actuales capacidades. Considéralo como potencialmente asequible y probable, dependiendo de tu esfuerzo.

Los grandes triunfadores conocen estas dos rutas pero las rechazan. Reacios a conformarse con lo ordinario cuando pueden lograr lo extraordinario, han

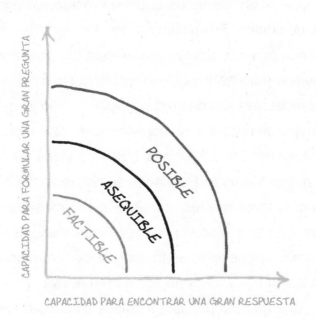

Fig. 20. El hábito del éxito abre nuevas posibilidades.

hecho una gran pregunta y quieren la mejor de las respuestas.

Los resultados extraordinarios exigen una gran respuesta.

La gente muy exitosa opta por vivir en los límites más extremos del triunfo. No solo sueñan con lo que está más allá de su alcance, sino que lo ansían intensamente. Saben que este tipo de respuesta es la más difícil de encontrar, pero también que con sólo esforzarse por hallarla se expanden y enriquecen en gran medida su vida.

Si quieres dar con la mejor de las respuestas, debes ser consciente de que esta reside fuera de tu zona de confort. Es un bien escaso. Una gran respuesta nunca se ve a simple vista, ni está bien señalizado el camino para hallarla. Una respuesta «posible» existe siempre más allá de lo ya conocido y de lo ya hecho. Igual que se hace con un objetivo «asequible», puedes empezar por investigar y estudiar las vidas de otros que hayan triunfado. Pero no puedes quedarte ahí. De hecho, tu investigación no habrá hecho más que empezar. Sea lo que sea lo que aprendas, deberás usarlo para lo que sólo lo usan los grandes triunfadores: para comparar y tener puntos de referencia.

Una gran respuesta es en esencia una respuesta nueva. Es un salto más allá de todas las respuestas actuales en busca de la siguiente respuesta, que encontraremos en dos pasos. El primero es el mismo que damos en el caso de las respuestas asequibles. Averiguamos e investigamos y estudiamos a los mayores triunfadores. Cada vez que no sepas cuál es la respuesta, tu respuesta será ir en busca de la respuesta. Es decir, que en un principio LO ÚNICO que tendrás que hacer será buscar pistas y modelos que te guíen en la dirección correcta. Lo primero que hay que hacer es preguntarse: «¿Hay alguien que ya haya estudiado o logrado esto o algo parecido a esto?» La respuesta será casi siempre que sí, así que tu investigación arranca averiguando qué han aprendido otros.

Uno de los motivos por los que he acumulado una enorme biblioteca a lo largo de los años es porque los libros son un estupendo recurso al que acudir. Según mi experiencia, aparte de conversar con alguien que haya logrado lo que tú confías en alcanzar, los libros y los trabajos publicados son la mejor oferta en términos de investigación documentada y modelos de éxito. También Internet se ha convertido recientemente en un instrumento muy valioso. Ya sea a través de la red o en el mundo físico, trata de encontrar a gente que ya haya recorrido el camino que tú estás siguiendo, de modo que puedas investigar, seguir como modelo, comparar y usar como referencia su experiencia. Un pro-

PUNTO DE REFERENCIA

Fig. 21. El punto de referencia es el éxito de hoy. El patrón de referencia es el de mañana.

fesor de la universidad me dijo una vez: «Gary, tú eres listo, pero antes que tú ha vivido más gente. No eres la primera persona que piensa a lo grande, así que te convendría estudiar primero lo que han aprendido otros y después elaborar tus acciones sobre los cimientos de sus enseñanzas». Tenía mucha razón. Y te estaba hablando también a ti.

La investigación y la experiencia de otros es el mejor sitio donde empezar a buscar cuando vas en pos de una respuesta. Armado con esos conocimientos, puedes establecer un punto de referencia, la marca del nivel actual del agua para todo lo conocido y ya hecho hasta ahora. En el caso de la respuesta accesible ese sería tu nivel máximo, pero ahora se trata de tu nivel mínimo. No será todo lo que hagas, sino que se convertirá en la cima desde la que otearás el horizonte

POSIBILIDADES

PATRÓN DE REFERENCIA

para ver por dónde seguir. Eso es buscar referencias, y ese es el segundo paso: buscar qué hacer a continuación en la misma dirección en la que los mejores ya se han encaminado o, si es necesario, en una dirección completamente nueva.

Así es como se resuelven los grandes problemas y los grandes desafíos, pues las mejores respuestas rara vez surgen de procesos corrientes. Ya se trate de averiguar cómo adelantar a la competencia, de hallar una nueva cura para una enfermedad o de descubrir una acción que nos acerque a una meta personal, establecer referencias y patrones es tu mejor opción. Dado que tu respuesta será original, lo más probable es que tengas que reinventarte de algún modo para ponerla en práctica. Una nueva respuesta suele requerir un nuevo comportamiento, así que no te sorprendas si de camino a un éxito considerable resulta que cambias en el proceso. No dejes que eso te detenga.

En ese punto es donde se produce la magia y donde las posibilidades no tienen límite. Por muy exigente que sea, aventurarse por la senda de las posibilidades siempre merece la pena, ya que, cuando maximizamos nuestro alcance, maximizamos también nuestra vida.

GRANDES IDEAS

1. **Piensa en algo grande y concreto.** Establecer un objetivo que pretendes alcanzar es como hacerse una pregunta. De «Me gustaría hacer eso» a «¿Cómo consigo hacer eso?» hay un pequeño paso. La mejor pregunta —y, por necesidad, el mejor objetivo— es grande y concreta: grande, porque vas en pos de resultados extraordinarios; concreta, para darte algo a lo que aspirar y para no dejar margen a si aciertas o no en la diana. Una pregunta grande y concreta, sobre todo si la conviertes en la pregunta esencial, te ayuda a centrarte en la mejor respuesta posible.

2. **Piensa en las posibilidades.** Marcarte un objetivo factible es casi como crear una tarea más para tachar en la lista. Un objetivo asequible es más esti-

mulante. Te encamina hacia los extremos de tus actuales capacidades y te obliga a forzarlas para alcanzarlo. El mejor objetivo es aquel que explora el mundo de la posibilidad. Cuando ves a gente y a empresas que han experimentado transformaciones, es en ese mundo donde se mueven.

3. **Puntos y patrones de referencia para dar con la mejor respuesta.** Nadie tiene una bola de cristal, pero con la práctica puedes llegar a ser sorprendentemente bueno a la hora de predecir hacia dónde van a ir las cosas. Las personas y las empresas que llegan las primeras son las que muchas veces disfrutan de la mejor parte del pastel de la recompensa con muy pocos competidores o ninguno. Sírvete de los puntos y los patrones de referencia para hallar la respuesta extraordinaria que necesitas para obtener unos resultados extraordinarios.

RESULTADOS EXTRAORDINARIOS
ABRE LA PUERTA A TUS POSIBILIDADES

RESULTADOS EXTRAORDINARIOS

En nuestra vida contamos con un ritmo natural que se convierte en una sencilla fórmula para ponernos manos a la obra con nuestra idea única y lograr resultados extraordinarios: propósito, prioridad y productividad. Juntos, estos tres elementos están conectados para siempre y confirman mutuamente su existencia de manera constante en nuestras vidas. Vinculándolos llegarás a los dos ámbitos donde aplicar *LO ÚNICO*: uno grande y otro pequeño.

> «Aunque estés en el buen camino, te arrollarán si lo único que haces es quedarte ahí sentado».
>
> *Will Rogers*

Tu gran idea única es tu propósito, y tu pequeña idea única es la prioridad de la acción que emprendes para conseguirlo. La gente más productiva parte del propósito y lo utiliza como si de una brújula se tratase. Dejan que el propósito sea la fuerza que los guíe para determinar la prioridad que empuja sus actos. Este es el camino más recto hacia unos resultados extraordinarios.

Piensa en el propósito, la prioridad y la productividad como en las tres partes que componen un iceberg.

Igual que lo normal es que sólo una novena parte del iceberg esté por encima del agua, todo aquello que ves es únicamente la punta de lo que hay debajo. Así es exactamente como se relacionan la productividad, la prioridad y el propósito. Lo que ves está determinado por lo que no ves.

Cuanto más productiva es una persona, más impulsada está por el propósito y la prioridad. Y, con el resultado añadido de los beneficios, ocurre lo mismo en el caso de los negocios. Lo que resulta visible para el público —la productividad y los beneficios— siempre se mantiene a flote gracias a la sustancia que cimenta a la empresa: el propósito y la prioridad. Todos los empresarios desean productividad y beneficios, pero son demasiados los que no logran darse cuenta de que el mejor camino para conseguirlos es a través de la prioridad motivada por un propósito.

La productividad personal es la piedra angular de todo beneficio empresarial. Ambos son inseparables. Una empresa no puede tener personal improductivo y ser por arte de magia tremendamente rentable. Las grandes empresas se levantan gracias al trabajo de una persona productiva tras otra. Y tampoco sorprende que las personas más productivas reciban las mayores recompensas por parte de sus empresas.

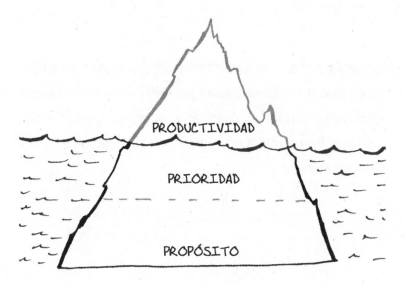

Fig. 22. La productividad la determinan el propósito y la prioridad.

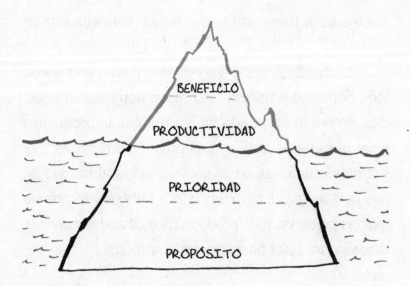

Fig. 23. En los negocios, el beneficio y la productividad están también guiados por la prioridad y el propósito.

Conectar propósito, prioridad y productividad determina en qué medida destacan los individuos exitosos del resto y hasta dónde llegan las empresas. Comprender esto resulta esencial para generar unos resultados extraordinarios.

13

Vive con un propósito

Entonces, ¿cómo usar el propósito para crearnos una vida extraordinaria? Ebenezer Scrooge nos lo enseña.

Puede parecer que Ebenezer Scrooge —un hombre desalmado, avaro y codicioso que detestaba la Navidad y todo aquello que da felicidad a la gente y cuyo nombre ha quedado asociado para siempre con la mezquindad y la maldad— no sea el mejor candidato a enseñarnos nada sobre cómo debemos vivir. Y, sin em-

> «La vida no consiste en buscarte a ti mismo. La vida consiste en crearte a ti mismo».
>
> *George Bernard Shaw*

bargo, en el clásico de Dickens *Un cuento de Navidad*, de 1843, lo hace.

El redentor relato de la transformación de Scrooge de un ser avaro, insensible y solitario en un hombre considerado, cariñoso y amado es uno de los mejores ejemplos sobre cómo nuestras decisiones determinan nuestro destino y nuestras elecciones dan forma a nuestra vida. Una vez más, la ficción nos brinda una fórmula que todos podemos seguir para construirnos una vida extraordinaria con resultados extraordinarios. Quisiera pedirles perdón por tomarme una pequeña licencia literaria y demostrar esto contando de nuevo este relato intemporal.

Una Nochebuena, a Ebenezer Scrooge lo visita el espíritu de Jacob Marley, el fallecido socio de su empresa. No sabemos si se trata de un sueño o si es real. Marley le dice, lastimero: «He venido aquí esta noche para advertirte que tienes todavía una posibilidad y una esperanza de evitar mi destino. Se te aparecerán tres espíritus —el del pasado, el del presente y el del futuro, para más señas—. ¡Recuerda lo que ocurrió entre nosotros!»

Detengámonos ahora un momento y reflexionemos sobre quién es Scrooge. Dickens lo describe como un hombre cuyos fríos rasgos son producto de su frialdad interior. Tacaño, siempre enfrascado en el trabajo,

Scrooge paga lo mínimo que puede y se guarda para sí todo lo que le resulta posible. Es hermético y solitario. Nadie se para nunca por la calle a saludarlo. Nadie se preocupa por él, pues él no se preocupa por nadie. Es un viejo roñoso, amargado y malvado..., frío a la vista, frío al tacto y frío de corazón, sin calidez aparente. Su vida es una existencia solitaria y consigue que el mundo sea un sitio peor.

Durante esa misma noche, los tres fantasmas visitan a Scrooge para enseñarle su pasado, su presente y su futuro. Esas visitas le hacen ver cómo se convirtió en el hombre que es ahora, cómo va su vida actual y lo que acabará por sucederle a él y a quienes lo rodean. Es una experiencia aterradora que hace que se levante visiblemente trastocado la mañana siguiente. Sin saber si lo sucedido fue real o un sueño, pero aliviado al descubrir que no ha pasado el tiempo, Scrooge descubre que todavía tiene tiempo de cambiar su destino. Embargado de una alegre ofuscación, se arroja a la calle y le indica al primer niño que ve que vaya a comprar el pavo más grande del mercado y que lo envíe de forma anónima a casa de su único empleado, Bob Cratchit. Al cruzarse con un caballero al que había despreciado por defender la caridad para los necesitados, le ruega que lo perdone y promete donar grandes sumas de dinero para los pobres.

Ebenezer acaba en casa de su sobrino, donde pide perdón por haber sido tan tonto durante tanto tiempo y acepta la invitación de quedarse a comer para celebrar las fiestas. La mujer y los invitados de su sobrino, atónitos ante tamaño ataque de amabilidad, a duras penas logran creerse que aquel sea Scrooge.

Al día siguiente, Bob Cratchit llega notablemente tarde al trabajo y se topa con Scrooge: «¿Pero qué significa esto de llegar a estas horas? ¡No pienso tolerar más este tipo de cosas!» Antes de que tuviera tiempo de digerir esas malas noticias, le oyó decir: «¡Y por tanto me dispongo a subirle el sueldo!»

Scrooge acaba por convertirse en el benefactor de la familia de Cratchit. Le busca un médico al pequeño Tim, el hijo inválido de Cratchit, y se convierte para él en un segundo padre. Scrooge dedica el resto de sus días a gastar dinero y tiempo en hacer todo lo que puede por los demás.

Mediante este relato, Charles Dickens nos muestra una fórmula elemental para crearnos una vida extraordinaria. Vive con un propósito. Vive con prioridades. Vive de manera productiva.

Al reflexionar sobre esta historia, estoy convencido de que Dickens nos presenta el propósito como una combinación del lugar adonde vamos y aquello que es importante para nosotros. Insinúa que nuestra prioridad es aquello a lo que concedemos la mayor importancia y que nuestra productividad viene de las acciones que emprendemos. Expone la vida como una serie de elecciones relacionadas entre sí en la que nuestro propósito marca nuestra prioridad y nuestra prioridad determina la productividad que generan nuestras acciones.

Para Dickens, nuestro propósito determina quiénes somos.

Scrooge es transparente y fácil de entender, así que procedamos a revisitar *Un cuento de Navidad* a través de la lente de la fórmula de Dickens. En el momento en que irrumpimos en su vida, el propósito de Scrooge es claramente el dinero. Dedica su vida bien a trabajar para ganarlo o bien a estar a solas con él. Se preocupa más por el dinero que por las personas y cree que el dinero es el fin que justifica cualquier medio. Basándose en este propósito, su prioridad está clara: hacerse con todo el dinero que pueda. Recopilar efectivo es lo que a Scrooge más le importa. En consecuencia, su productividad está siempre dirigida a ganar más dinero. Cuando se toma un descanso de ganar dinero, para pasar el rato, lo cuenta. Ganar, lucrarse, prestar, ingresar, contar..., esas son las acciones con las que ocupa sus horas, porque es avaricioso, egoísta y no le afecta la condición humana de quienes lo rodean.

Según sus propios criterios, Scrooge es sumamente productivo a la hora de conseguir su propósito. Según los de cualquier otro, no hace sino vivir una vida miserable.

Y este habría sido el final de la historia de no ser por la nueva perspectiva que le brinda a Ebenezer su difunto socio. Jacob Marley no quería que Scrooge llegara al mismo callejón sin salida en el que él se hallaba. ¿Y qué le ocurrió a Scrooge después de las apariciones fantasmagóricas? Según narra Dickens, su propósito cambió, lo que cambió a su vez su primera prioridad, que a su vez cambió aquello a lo que dedicaba su productividad. Tras la intervención de Marley, Scrooge experimentó el poder transformador que implica tener un nuevo propósito.

Y, entonces, ¿en quién se convirtió? Veámoslo.

Al final del relato, el propósito de Scrooge ya no es el dinero, sino la gente. Ahora se preocupa por la gente. Se preocupa por su situación económica y por su estado de salud. Se dedica a disfrutar de sus relaciones con los demás y ayuda siempre que puede. Valora más ayudar a la gente que acaparar dinero y cree que el dinero es bueno por el bien que puede generar.

¿Cuál es su prioridad? Mientras que antes ahorraba dinero y utilizaba a los demás, ahora utiliza el dinero para ayudar a los demás. Su principal prioridad es ganar todo el dinero que pueda para ayudar a todos los que pueda. ¿Y sus acciones? Dedica productivamente sus días a poner cada céntimo que posee en manos de otros.

La transformación es notable; el mensaje, inequívoco. Quiénes somos y adónde queremos ir determinan lo que hacemos y lo que conseguimos.

Una vida vivida con un propósito es la más poderosa. Y la más feliz.

FELICIDAD A PROPÓSITO

Si preguntas a un buen número de personas qué quieren en la vida, la respuesta mayoritaria que oirás es: la felicidad. Aunque todos tenemos una variedad de respuestas concretas, la felicidad es lo que queremos la mayoría. Y, sin embargo, es lo que menos entendemos. Sean cuales sean nuestras motivaciones, casi todo lo que hacemos en la vida lo hacemos básicamente para ser felices. Y aun así no lo captamos: la felicidad no ocurre como nosotros pensamos.

Para explicarlo, me gustaría contar una antigua leyenda.

EL CUENCO DEL MENDIGO

Al salir una mañana de su palacio, un rey se topó con un mendigo y le preguntó: «¿Qué es lo que quieres?» El mendigo, entre risas, le contestó: «¡Preguntas como si pudieras concederme mis deseos!» Ofendido, el rey le respondió: «¡Claro que puedo! ¿Cuál es tu deseo?» Y el mendigo le advirtió: «Piénsalo bien antes de prometer nada».

Pero el mendigo no era un mendigo cualquiera, sino que fue el maestro del rey en una vida anterior, durante la cual le había hecho una promesa: «En tu próxima vida intentaré abrirte los ojos. Esta vida ya la has desperdiciado, pero volveré a ti para ayudarte».

El rey, incapaz de reconocer a su viejo amigo, insistió: «Te concederé cualquier cosa que desees, pues soy un rey muy poderoso que puede conceder cualquier deseo». El mendigo dijo: «Es un deseo muy simple. ¿Puedes llenarme el cuenco de mendigar?» «¡Por supuesto!», dijo el rey, y ordenó a su visir que «llenara de dinero el cuenco del mendigo». El visir lo hizo, pero cada vez que echaba dinero dentro del cuenco, el dinero desaparecía. Así que fue echando más y más dinero, pero siempre desaparecía en cuanto lo echaba.

El cuenco del mendigo siempre estaba vacío.

Se corrió la voz por todo el reino y se reunió una enorme multitud. El prestigio y el poder del rey estaban en entredicho, así que le dijo a su visir: «Si he de perder mi reino, estoy dispuesto a que así sea, pero no puedo ser derrotado por este mendigo». Y siguió echando toda su riqueza en el cuenco. Diamantes, perlas, esmeraldas. Su tesoro se iba agotando.

Y el cuenco del mendigo seguía vacío, como si no tuviese fondo. ¡Todo lo que en él caía desaparecía de inmediato!

Finalmente, mientras la multitud aguardaba en silencio, el rey cayó a los pies del mendigo y admitió su derrota. «Has vencido. Pero antes de irte sacia mi curiosidad: ¿cuál es el secreto de este cuenco de mendigar?»

El mendigo respondió humildemente: «No hay ningún secreto. El cuenco está hecho de deseo humano».

Uno de los mayores desafíos a los que nos enfrentamos es el de asegurarnos de que el propósito de nuestra vida no se convierta en el cuenco del mendigo, en un pozo sin fondo de deseo que siempre está esperando la siguiente cosa que nos hará felices. Porque eso no lleva a ninguna parte.

Ganar dinero y conseguir cosas es algo que suele hacerse por el placer que se espera que nos proporcione. Por una parte, lo cierto es que funciona. Obtener dinero o algo que deseamos puede disparar nuestro contador de placer... durante un instante. Luego vuelve a bajar. A lo largo de la historia muchas grandes mentes han reflexionado sobre la felicidad, y sus conclusiones son prácticamente las mismas: acumular dinero y cosas no proporciona automáticamente una felicidad duradera.

De qué modo nos afecten las circunstancias depende de cómo las interpretemos en cuanto a su relación con nuestra vida. Si carecemos de una «visión de conjunto», podemos caer con facilidad en una búsqueda obsesiva del éxito. ¿Por qué? Porque, una vez que conseguimos lo que queremos, nuestra felicidad se desvanece tarde o temprano ya que no tardamos en acostumbrarnos a lo que hemos obtenido. Esto le ocurre a todo el mundo y acaba por aburrirnos y hacernos buscar algo nuevo que hacer o conseguir. Peor aún, podemos incluso no aminorar ni pararnos a disfrutar de lo que hemos conseguido, porque en cuanto lo tenemos nos ponemos automáticamente en busca de otra cosa. Si no tenemos cuidado, acabamos saltando de conseguir y adquirir algo a conseguir y adquirir otra cosa sin dedicar nunca tiempo a disfrutar plenamente de nada. Esa es una buena manera de seguir siendo un mendigo, y el día en que nos demos cuenta de ello es el día en que nuestra vida cambiará para siempre. ¿Cómo encontrar entonces una felicidad duradera?

La felicidad surge de camino a la satisfacción.

El doctor Martin Seligman, antiguo presidente de la American Psychological Association, opina que son cinco los factores que contribuyen a nuestra felicidad: la emoción positiva y el placer, el éxito, las relaciones, la implicación y el significado. De ellos, cree que la implicación y el significado son los más importantes. Implicarse más en aquello que hacemos mediante la búsqueda de maneras de dar más significado a nuestra vida es el camino más seguro para lograr una felicidad duradera. Cuando nuestras acciones diarias sirven a un gran propósito puede surgir la felicidad más poderosa y duradera.

Pensemos en el dinero, por ejemplo. Dado que el dinero representa tanto obtener algo como la posibilidad de obtener más, resulta un ejemplo magnífico. Mucha gente no sólo malinterpreta cómo ganar dinero, sino también de qué manera el dinero nos hace felices. He enseñado cómo adquirir riqueza a gente de todo tipo, desde avezados empresarios a estudiantes universitarios, y siempre que pregunto: «¿Cuánto dinero quieres ganar?», obtengo toda clase de respuestas, pero la cantidad suele ser siempre bastante elevada. Cuando les pregunto: «¿Por qué has escogido esa cantidad?», suelo obtener la típica respuesta: «No lo sé». Luego pregunto: «¿Podrías darme tu definición de lo que es una persona adinerada?» E invariablemente, las respuestas que me dan parten de un millón de dólares hacia arriba. Cuando pregunto cómo han llegado a eso, la respuesta suele ser: «Suena a una buena cantidad de dinero». Y yo les respondo: «Lo es. Y no lo es. Todo depende de lo que hagas con él».

Mi impresión es que las personas ricas son aquellas que tienen unos ingresos económicos suficientes sin que trabajar para mantenerse económicamente sea el propósito de su vida. Pero hay que tener en cuenta que esta definición representa un desafío para cualquiera que lo acepte. Para ser una persona adinerada debes tener un propósito en la vida. Dicho de otro modo, sin un propósito nunca sabrás cuándo tienes suficiente dinero, por lo que nunca serás una persona rica.

No es que tener más dinero no te vaya a hacer feliz. En cierta medida, sí que puede hacerte feliz. Pero luego eso deja de ocurrir. Que te siga motivando tener más dinero dependerá de por qué quieres tener más. Se ha dicho que el fin no debería justificar los medios, pero ten cuidado: cuando vayas en pos de la felicidad, cualquier fin que busques sólo te generará felicidad a través de los medios que emplees para conseguirla. Querer más dinero por el simple hecho de conseguirlo no te granjeará la felicidad que buscas en él. La felicidad aparece cuando tu propósito va más allá de satisfacer muchos anhelos, que es por lo que decimos que la felicidad surge de camino a la satisfacción.

EL PODER DEL PROPÓSITO

El propósito es el camino más directo al poder y a la máxima fuente de la fuerza personal: la fuerza de la convicción y la fuerza de la perseverancia. La receta para obtener resultados extraordinarios es saber qué es importante para ti y emprender acciones en dosis diarias en función de ello. Cuando tienes un propósito definido en la vida, todo lo ves más claro enseguida, lo que te lleva a actuar con más convicción en tu dirección, lo que redunda a su vez en decisiones más rápidas. Cuando tomas decisiones rápidas, muchas veces serás quien tome primeras decisiones y ello te llevará a disfrutar de las mejores opciones. Y cuando disfrutas de las mejores opciones, tienes la oportunidad de vivir las mejores experiencias. De ese modo, saber hacia dónde vas te ayuda a obtener los mejores resultados y experiencias que la vida puede ofrecerte.

Tener un propósito también te ayuda cuando las cosas no van como quisieras. La vida a veces se pone difícil y no hay manera de evitarlo. Si vives y apuntas lo suficientemente alto siempre te encontrarás con momentos difíciles. No pasa nada. Todos pasamos por eso. Saber por qué haces algo te brinda la inspiración y la motivación para hacer ese esfuerzo adicional necesario para perseverar cuando las cosas se tuercen. Aferrarse a algo durante el tiempo suficiente para que aparezca el éxito es un requisito fundamental para obtener resultados extraordinarios.

El propósito te proporciona un punto esencial de adherencia para ayudarte a seguir el camino que te has marcado. Cuando aquello que haces concuerda con tu propósito, sientes que tu vida tiene ritmo y que tus pisadas a lo largo del camino parecen ir al mismo compás que el sonido que oyes en tu mente y en tu corazón. Vive con un propósito y no te sorprendas si tarareas e incluso silbas más mientras trabajas.

Cuando te preguntas: «¿Qué es LO ÚNICO que puedo hacer en mi vida que signifique lo máximo para mí y para el mundo y gracias a lo cual todo lo demás me resulte más fácil o innecesario?», estás usando el poder de LO ÚNICO para darle un propósito a tu vida.

1. **La felicidad surge de camino a la satisfacción.** Todos queremos ser felices, pero buscar la felicidad no es la mejor manera de encontrarla. La vía más segura para lograr una felicidad duradera aparece cuando dedicas tu vida a algo más grande, cuando das significado y propósito a tus acciones cotidianas.

2. **Descubre cuál es tu Gran Porqué.** Descubre cuál es tu propósito preguntándote qué te impulsa. ¿Qué es lo que hace que te levantes por la mañana y sigas adelante cuando estás agotado y harto? Yo a eso lo llamo a veces el «Gran Porqué». Es el porqué de que te emocione tu vida. El porqué de que hagas lo que haces.

3. **A falta de una respuesta, escoge una dirección.** «Propósito» puede sonar muy fuerte, pero no tiene por qué serlo. Considéralo simplemente como LO ÚNICO que quieras que importe en tu vida más que cualquier otra. Prueba a poner por escrito algo que te gustaría lograr y después explica cómo pretendes hacerlo.

En mi caso, es más o menos así: «Mi propósito es ayudar a la gente a que viva su vida al máximo a través de mis enseñanzas, mis consejos y mis escritos». Por lo tanto, ¿cómo veo yo mi vida?

Enseñar es mi única idea, y lo lleva siendo desde hace casi treinta años. Al principio consistía en enseñar a clientes cómo funciona el mercado y cómo tomar grandes decisiones. Después, en enseñar a comerciales en el aula, en reuniones de ventas y en clases particulares. Más tarde consistió en enseñar a personas de alto nivel productivo modelos y estrategias para generar un alto rendimiento. Y los últimos diez años ha consistido en impartir seminarios sobre principios concretos de estrategias vitales. Mis clases se convierten en asesoramiento, que se sustenta en los libros que escribo.

Escoge una dirección, enfila tus pasos por ese camino y prueba a ver qué te parece. El tiempo trae consigo claridad, y si descubres que no te gusta siempre puedes cambiar de idea. Es tu vida.

14

Vive con una prioridad

¿**P**odrías decirme, por favor, qué camino debo seguir para salir de aquí?

—Eso depende en gran medida del sitio al que quieras llegar —contestó el Gato.

—No me importa mucho el sitio... —dijo Alicia.

—Entonces tampoco importa mucho el camino que tomes —respondió el Gato.

El célebre encuentro de Alicia con el Gato de Cheshire en *Alicia en el país de las maravillas,* de Lewis

«Planificar es traer el futuro al presente para poder hacer ahora algo al respecto».

Alan Lakein

Carroll, nos descubre la estrecha relación que existe entre propósito y prioridad. Vive con un propósito y sabrás adónde quieres ir. Vive con una prioridad y sabrás qué hacer para llegar hasta allí.

A todos, al empezar el día, se nos presentan dos opciones. Podemos preguntarnos: «¿Qué tengo que hacer?» o «¿Qué debería hacer?» Sin una dirección, sin un propósito, sea lo que sea lo que «tengas que hacer» siempre te llevará a alguna parte. Pero cuando vas a alguna parte a propósito, siempre habrá algo que «deberías hacer» que te llevará hasta donde «tienes» que ir. Cuando vives con un propósito, vivir con una prioridad se vuelve prioritario.

MARCARSE METAS PARA EL AHORA

Como tan intensamente descubrió Ebenezer Scrooge, nuestra vida avanza por el impulso del propósito que le damos. Pero existe una condición que incluso él tuvo que afrontar. El propósito tiene la potestad de dar forma a nuestras vidas pero sólo en proporción directa con el poder de la prioridad con la que lo relacionemos. El propósito sin prioridad es estéril.

Para ser exactos, el término es «prioridad» —no «prioridades»— y procede del latín *prior,* que significa «primero». Cuando había algo que importaba más que todo lo demás, esa era una «prioridad». Curiosamente, la prioridad se utilizó en singular hasta cerca del siglo xx, cuando al parecer el mundo degradó su significado original de «cosa que más importa» al pluralizarla en forma de «prioridades». Con la pérdida de su intención original, surgió un variado repertorio de expresiones como «el asunto más acuciante», «la principal preocupación» o «la cuestión primordial» para recuperar la esencia del término original. Hoy elevamos la prioridad a su significado original añadiéndole atributos como «la máxima», «la primera», «la principal» o «la más importante». Al parecer, la prioridad ha recorrido un camino de lo más interesante.

Conviene, pues, que prestemos atención a nuestro lenguaje. Hay muchas maneras de hablar de la prioridad pero, sean cuales sean las palabras que usemos, para lograr resultados extraordinarios, el significado debe ser siempre el mismo: tu idea única.

En mis clases sobre cómo marcarse metas siempre me pongo como máxima prioridad mostrar cómo funcionan juntas una meta y una prioridad. Y lo hago preguntando: «¿Cómo nos marcamos metas y trazamos planes?» A pesar de todas las buenas respuestas que obtengo, lo cierto es que sólo tenemos metas y planes por un motivo: para estar en sintonía con esos momentos de la vida que importan. Aunque podemos recurrir al pasado y predecir el futuro, nuestra única realidad es el momento presente. El «ahora mismo» es lo único sobre lo que podemos trabajar. Nuestro pasado no es sino un antiguo ahora y nuestro futuro, un ahora posible. Para traerme este concepto a mi terreno, empecé a referirme al procedimiento para crear una prioridad potente como «marcarse metas para el ahora», con lo que además ponía el énfasis en por qué nos creamos una prioridad.

La verdad acerca del éxito es que nuestra capacidad para lograr resultados extraordinarios en el futuro reside en ir enlazando momentos poderosos uno tras otro. Lo que haces en determinado momento determina lo que experimentarás en el siguiente. Tu «ahora presente» y todos tus «ahoras futuros» están innegablemente determinados por la prioridad del momento en el que vives. El factor decisivo a la hora de determinar cómo te marcas esa prioridad es quién gana en la batalla entre tu yo presente y tu yo futuro.

Si te dieran a elegir entre 1500 pesos hoy o 3000 el año que viene, ¿qué escogerías? Los 3000, ¿verdad? Lo harías si tu meta fuese ganar el máximo dinero a partir de esa oportunidad que te ofrecen. Curiosamente, la mayoría de la gente no elige esa opción.

Hace mucho que los economistas saben que aunque la gente prefiera las grandes recompensas a las pequeñas, es mucho mayor su preferencia por las recompensas inmediatas que por las futuras, aunque las recompensas futuras sean mucho mayores. Es un concepto de lo más corriente, que misteriosamente se denomina «descuento hiperbólico»: cuanto más se aleja en el futuro una recompensa, menor es la motivación inmediata para conseguirla. Quizá sea porque los objetos que están lejos parecen más pequeños y la gente asume erróneamente que lo son y les otorgan menos valor. Eso podría explicar por qué tanta gente escogería en realidad esos 1500 pesos hoy en lugar del doble en el futuro. Su «predilección por el presente» supera toda lógica y dejan que se les escape un futuro de posibles resultados extraordinarios. Ahora imagina el devastador impacto que tendría vivir así cada día para tu yo futuro. ¿Recuerdas lo que comentábamos antes acerca de la gratificación postergada? Resulta que lo que empezaba con unos simples algodones de azúcar puede salirte luego mucho más caro.

Necesitamos una manera de pensar sencilla que nos salve de nosotros mismos, marcarnos una prioridad adecuada e ir acercándonos a cumplir nuestro propósito.

Marcarte metas para el ahora te llevará hasta ese punto.

Cuando piensas a través del filtro de «marcarte metas para el ahora», te pones una meta para el futuro y después te dedicas a profundizar de manera metódica hasta descubrir qué es lo que deberías hacer ahora mismo. El proceso puede parecerse a las muñecas rusas, ya que «tu idea única de ahora mismo» está anidada en tu «idea única de hoy», que a su vez está anidada en «tu idea única de esta semana», que está anidada en «tu idea única de este mes»... Y así es como una cosa pequeña puede ir convirtiéndose en una grande.

Estás alineando tus fichas de dominó.

Para comprender cómo te ayudará el marcarte metas para el ahora a pensar y determinar tu prioridad más importante, lee esto en voz alta:

Basándome en mi meta de algún día, ¿qué es LO ÚNICO que puedo hacer en los próximos cinco años para encaminarme a lograrla? Y ahora, basándome en mi meta a cinco años, ¿qué es LO ÚNICO que puedo hacer este año para encaminarme a lograr mi meta en cinco años y así encaminarme a lograr mi meta de algún día? Y ahora, basándome en mi meta anual, ¿qué es LO ÚNICO que puedo hacer este mes para encaminarme

MARCARSE METAS PARA EL AHORA

META DE ALGÚN DÍA
¿Qué es LO ÚNICO que quiero hacer algún día?

↓

META A CINCO AÑOS
Basándome en mi meta de algún día,
¿qué es LO ÚNICO que quiero hacer en cinco años?

↓

META ANUAL
Basándome en mi meta a cinco años,
¿qué es LO ÚNICO que quiero hacer este año?

↓

META MENSUAL
Basándome en mi meta anual,
¿qué es LO ÚNICO que quiero hacer este mes?

↓

META SEMANAL
Basándome en mi meta mensual,
¿qué es LO ÚNICO que quiero hacer esta semana?

↓

META DIARIA
Basándome en mi meta semanal,
¿qué es LO ÚNICO que quiero hacer hoy?

↓

AHORA MISMO
Basándome en mi meta diaria,
¿qué es LO ÚNICO que quiero hacer ahora mismo?

Fig. 24. El propósito futuro está relacionado con la prioridad presente.

a lograr mi meta anual, para así encaminarme a lograr mi meta a cinco años y así encaminarme a lograr mi meta de algún día? Y ahora, basándome en mi meta mensual, ¿qué es LO ÚNICO que puedo hacer esta semana para encaminarme a lograr mi meta mensual, para así encaminarme a lograr mi meta anual, para así encaminarme a lograr mi meta a cinco años y así encaminarme a lograr mi meta de algún día? Y ahora, basándome en mi meta semanal, ¿qué es LO ÚNICO que puedo hacer hoy para encaminarme a lograr mi meta semanal, para así encaminarme a lograr mi meta mensual, para así encaminarme a lograr mi meta anual, para así encaminarme a lograr mi meta a cinco años y así encaminarme a lograr mi meta de algún día? Y ahora, basándome en mi meta diaria, ¿qué es LO ÚNICO que puedo hacer ahora mismo para encaminarme a lograr mi meta diaria, para así encaminarme a lograr mi meta semanal, para así encaminarme a lograr mi meta mensual, para así encaminarme a lograr mi meta anual, para así encaminarme a lograr mi meta a cinco años y así encaminarme a lograr mi meta de algún día?

Espero que hayas aguantado y leído esto hasta el final. ¿Por qué? Porque estás ayudando a tu mente a pensar, a conectar una meta con la que le sigue en el tiempo hasta saber qué es lo más importante que tienes que hacer ahora mismo. Estás aprendiendo a pensar a lo grande pero yendo a lo pequeño.

Para demostrar el valor de este sistema, sáltate todos los pasos y hazte directamente esta pregunta: «¿Qué es LO ÚNICO que puedo hacer ahora mismo para así encaminarme a lograr mi meta de algún día?». No funciona. El momento actual está demasiado alejado del futuro para que puedas ver con claridad cuál es tu prioridad clave. De hecho, puedes seguir añadiéndole «hoy», «esta semana», «este mes», etcétera, y seguirás sin ver esa poderosa prioridad que buscas hasta que hayas añadido todos los demás pasos. Por eso mucha gente nunca se acerca a sus metas. No han conectado el hoy con todos los mañanas que les harán falta para llegar hasta allí.

Conecta tu hoy con todos tus mañanas. Es importante.

La investigación lo corrobora. En tres estudios distintos, los psicólogos observaron a 262 estudiantes para ver el efecto que tenía la visualización previa de los resultados. A los estudiantes se les pidió que escogiesen entre dos visualizaciones: a los de un grupo se les pidió que visualizasen un *resultado* deseado (por ejemplo, sacar un sobresaliente en un examen) y a los del otro se les pidió que visualizasen el *proceso* necesario para llegar a un resultado deseado (por ejemplo, todas las sesiones de estudio necesarias para sacar ese sobresaliente en un examen). Al final, los estudiantes que visualizaron el proceso rindieron mejor en general: estudiaban antes y con más frecuencia y sacaron mejores notas que aquellos que solo habían visualizado el resultado.

La gente tiende a mostrarse excesivamente optimista acerca de lo que puede conseguir, y por tanto la mayoría no piensa las cosas del todo bien. Los investigadores lo llaman «falacia de la planificación». Visualizar el proceso —desglosar una gran meta en los pasos necesarios para lograrla— ayuda a propiciar la reflexión estratégica que necesitas para planificar y obtener resultados extraordinarios. Así es como funciona de verdad lo de marcarse metas para el ahora.

Cada día mantengo este diálogo con alguien. Es eficaz sobre todo cuando me preguntan qué deberían hacer. Le doy la vuelta a la pregunta y les contesto: «Antes de responder a tu pregunta, deja que te pregunte yo algo: ¿Adónde vas y dónde quieres estar algún día?». Sin falta, cuando les explico lo de marcarse metas para el ahora, lo captan enseguida y no tardan en dar con sus propias respuestas. Y cuando me cuentan qué es LO ÚNICO que deberían estar haciendo ahora mismo, les pregunto, riéndome: «¿Y qué haces aquí todavía hablando conmigo?»

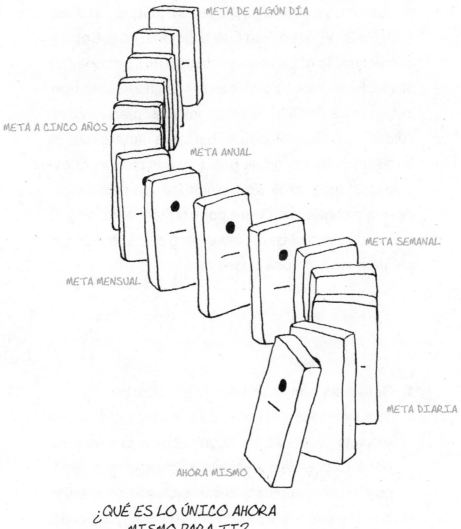

¿QUÉ ES LO ÚNICO PARA TI?

META DE ALGÚN DÍA

META A CINCO AÑOS

META ANUAL

META SEMANAL

META MENSUAL

META DIARIA

AHORA MISMO

¿QUÉ ES LO ÚNICO AHORA
MISMO PARA TI?

Fig. 25. Vivir como una hilera de fichas de dominó.

El último paso que te queda es anotar tus respuestas. Se ha hablado mucho acerca de poner tus metas por escrito, y por una buena razón: porque funciona.

En 2008, la doctora Gail Matthews, de la Dominican University of California, reclutó a 267 personas de un amplio abanico de profesiones (abogados, contables, trabajadores de ONG, profesionales del marketing, etcétera) y de diversos países para que participaran en un estudio. Aquellos que pusieron sus metas por escrito mostraron un 39,5 por ciento más de probabilidades de alcanzarlas. Poner por escrito tus metas y tu principal prioridad es el último paso que te queda por dar para vivir con una prioridad.

GRANDES IDEAS

1. **Sólo puede quedar una.** Tu principal prioridad es esa única idea que tienes que realizar ahora mismo y que te ayudará a conseguir aquello que más importa. Es posible que tengas muchas «prioridades», pero si escarbas hasta lo más profundo descubrirás que siempre hay una que importa más que las demás, tu máxima prioridad: LO ÚNICO.
2. **Márcate metas para el ahora.** Saber cuál es tu meta futura es el punto de partida. Identificar los

pasos que tienes que seguir por el camino mantendrá tu mente despejada mientras descubres esa prioridad adecuada que debes cumplir ahora mismo.

3. **Ponlo en negro sobre blanco.** Pon por escrito tus metas y tenlas siempre a mano.

Mediante la técnica de marcarte metas para el ahora, extrae de tu propósito una sola prioridad, y esa prioridad —esa única idea que tienes que realizar y gracias a la cual todo lo demás te resultará más fácil o innecesario— te mostrará el camino a unos resultados extraordinarios.

Y, una vez que sepas qué hacer, lo único que te quedará es pasar de saberlo a hacerlo.

15

Vive de manera productiva

La historia de Ebenezer Scrooge podría haberse quedado en una nota al pie en la Historia de la literatura si no hubiera sido por esto: actuó en consecuencia. Apasionado por su nuevo propósito e impulsado por la prioridad de llevarlo a cabo, se levantó y siguió adelante.

La acción productiva transforma nuestra vida.

«La productividad no consiste en trabajar como una mula, en no parar ni un segundo, ni en trabajar hasta las tantas... Tiene más que ver con las prioridades, con la planificación y con defender tu tiempo con uñas y dientes».

Margarita Tartakovsky

Nunca vamos a oír en una película algo como «¡Seamos productivos!» mientras la caballería asalta una colina. No es la primera opción que emplearían un entrenador, un director o un general como grito de guerra para insuflar emoción e inspirar a sus tropas. Tampoco es lo que diría uno cuando respira hondo antes de sumergirse en un desafío o enfrentarse a un competidor. Y Dickens nunca puso estas palabras en boca de Scrooge cuando éste tomó el mando de su transformada vida. Sin embargo, *productivo* es lo que fue Scrooge, y no hay palabra mejor que *productividad* para distinguir lo que quieres de lo que haces cuando los resultados importan.

Siempre estamos haciendo algo: trabajar, jugar, comer, dormir, levantarnos, sentarnos, respirar. Si estamos vivos, estamos haciendo algo. Incluso cuando no estamos haciendo nada, eso ya es hacer algo. Cada minuto de cada día, la cuestión no es si estamos haciendo algo o no, sino qué es ese algo que estamos haciendo. A veces no importa lo que hacemos, pero otras veces sí. Y, cuando importa, lo que hacemos define nuestra vida más que cualquier otra cosa. Al fin y al cabo, construirse una vida a base de resultados extraordinarios se reduce a sacar el máximo provecho de lo que haces, cuando lo que haces importa.

Vivir de manera productiva genera resultados extraordinarios.

Siempre que hablo de productividad en mis clases, empiezo preguntando: «¿Qué tipo de sistema de gestión del tiempo emplean?» Las respuestas son tan variadas como personas haya en el aula: agendas de papel, agendas electrónicas, calendarios por días, por semanas a la vista..., todo lo que se te pueda ocurrir. Y entonces pregunto: «¿Y por qué elegieron ese sistema concreto?». Las razones que aducen son de todo tipo, formato, color, precio y criterio imaginables. Pero los alumnos hablan indefectiblemente del formato, no de la función: de lo que son, no de cómo funcionan. Así que cuando les digo: «Eso está muy bien, pero ¿qué tipo de *sistema* emplean?», la respuesta es siempre la misma: «¿A qué te refieres?»

«Bueno, si todo el mundo dispone de la misma cantidad de tiempo y unos ganan más que otros —les pregunto—, ¿podemos decir que el uso que hacemos de nuestro tiempo es lo que determina el dinero que ganamos?» Todos se muestran de acuerdo, así que prosigo: «Si esto es cierto, que el tiempo es dinero, entonces el mejor modo de describir un sistema de gestión del tiempo podría consistir nada más y nada menos que en calcular el dinero que genera. Si es así, ¿les parece que están usando un sistema de 150.000 pesos al año o de 300.000 pesos al año? ¿De 750.000 pesos, de un millón y medio o de siete millones de pesos anuales? ¿O un sistema de quince millones de pesos al año?».

Silencio.

Hasta que, inevitablemente, alguien pregunta: «¿Cómo voy a saberlo?»

A lo que respondo: «¿Cuánto ganas?»

Si el dinero es una metáfora de la generación de resultados, entonces está claro: el éxito de un sistema de gestión del tiempo puede valorarse por la productividad que genera.

Lo curioso de mi vida es que nunca he trabajado para nadie que no fuese millonario o que no llegase a serlo. No es que lo haya planeado. Ha sido así y ya está. Y lo más importante que he aprendido de estas experiencias es que la gente de más éxito es la gente más productiva.

Las personas productivas hacen más cosas, obtienen mejores resultados y logran ganar más dinero que los demás con las mismas horas de trabajo. Lo hacen porque dedican el máximo tiempo a ser productivos en su principal prioridad, en LO ÚNICO. Reservan tiempo para LO ÚNICO y después protegen a capa y espada esos tiempos que se han programado. Han logrado con

> «Mi meta ya no es hacer más, sino más bien tener menos que hacer».
>
> Francine Jay

éxito establecer la relación entre aprovechar de manera coherente esos bloques de tiempo programados y obtener los resultados extraordinarios que buscan.

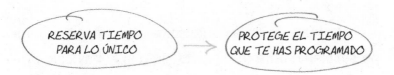

Fig. 26. Prográmate una cita contigo mismo y no faltes.

PROGRAMAR EL TIEMPO

Muchas veces digo que vengo de una «vieja estirpe de gente aletargada». Esto suele provocar alguna que otra risa, pero es cierto. A veces me da la impresión de que mis genes tienen más que ver con los de la tortuga que con los de la liebre. Por otra parte, algunas de las personas con las que trabajo derrochan tal cantidad de energía que, literalmente, vibran. Es asombroso, pero consiguen trabajar horas extras durante periodos muy prolongados y nunca se agotan. Cuando trato de seguirles el ritmo, en menos de una semana tengo el cuerpo que se me cae a pedazos. He descubierto que, por mucho que me esfuerce, dedicar más tiempo no me funciona como manera de hacer más cosas. Me resulta físicamente imposible. Así que, dadas mis limitaciones, he tenido que buscarme un modo de ser muy productivo en las horas que puedo dedicarme a ello.

¿Y cuál es mi solución? Bloques de tiempo programados.

La mayoría de la gente opina que nunca hay tiempo suficiente para tener éxito, pero sí lo hay si lo programas. Programar el tiempo es un modo de ver y emplear el tiempo muy orientado a obtener resultados. Es una manera de asegurarte de que *haces* lo que tienes que hacer. Alexander Graham Bell dijo: «Concentra todos tus pensamientos en aquello que tienes entre manos. Los rayos del sol no queman hasta que se concentran en un punto». Programar el tiempo saca el máximo provecho a tu energía y hace que te centres en tu tarea más importante. Es la herramienta más poderosa de la productividad.

Así que toma tu agenda o tu calendario y reserva todo el tiempo que necesites para cumplir con LO ÚNICO. Si se trata de una única cosa que vas a hacer una sola vez, resérvate los días y las horas que vayas a necesitar. Si se trata de algo más continuo, programa el tiempo adecuado cada día para que se convierta en un hábito. Todo lo demás —otros proyectos, papeleo, correo electrónico, correspondencia, reuniones y demás— tendrá que esperar. Cuando programas el tiempo de este modo lo que haces es configurar una jornada lo más productiva posible, de tal manera que podrás repetirla todos los días de tu vida.

Por desgracia, si eres como la mayoría de la gente, uno de tus días típicos tendrá el aspecto del que aparece en la figura 27, en el que cada vez tienes menos tiempo para centrarte en aquello que más importa.

El día de las personas más productivas es radicalmente distinto (figura 28).

Si de una actividad se obtienen resultados desproporcionados, entonces deberás dedicar a esa actividad un tiempo desproporcionado. Hazte cada día esta pregunta esencial para el tiempo que te has programado: «¿Qué es lo que puedo hacer hoy por LO ÚNICO, gracias a lo cual todo lo demás me resulte más fácil o innecesario?» Cuando encuentres la respuesta estarás llevando a cabo la actividad idónea para tu tarea más importante.

Así es como los resultados se convierten en extraordinarios.

Quienes hacen esto, según mi experiencia, no sólo acaban siendo los más brillantes, sino que también tienen más oportunidades profesionales. Poco a poco, lentos pero seguros, se van haciendo conocidos en su organización por su idea única y se convierten en «insustituibles». Al final nadie es capaz de imaginarse o permitirse el costo que supone perderlos (lo contrario también ocurre, por cierto, en el caso de los que están perdidos en el reino de «todo lo demás»).

Cuando ya hayas hecho LO ÚNICO del día, puedes dedicar el resto de la jornada a todo lo demás. No tienes más que plantearte la pregunta esencial para identificar la siguiente prioridad y dedicar a esa tarea el tiempo que merece. Repite este procedimiento hasta que termine tu jornada laboral. Hacer «todo lo demás» puede que te ayude a dormir mejor por la noche, pero probablemente no te garantice un ascenso.

EL TÍPICO DÍA

Fig. 27. ¡Tu día domina todo lo demás!

　　　　　　　　　　　Sólo una cosa

La programación del tiempo funciona a partir de la premisa de que en la agenda anotas tus citas pero a la agenda no le interesa con quién son esas citas. Así pues, cuando sepas qué es LO ÚNICO, prográmate una cita contigo mismo para cumplirla. Todos los días los grandes vendedores hacen nuevos contactos, los grandes programadores programan y los grandes pintores pintan. Esto sirve igualmente para cualquier otra profesión o puesto de trabajo. El éxito a lo grande aparece cuando uno dedica tiempo cada día a hacerse grande.

EL DÍA PRODUCTIVO

Fig. 28. ¡LO ÚNICO obtiene el tiempo que merece!

PROGRAMACIÓN DEL TIEMPO

LUN.	MAR.	MIÉR.	JUE.	VIER.	SÁB.	DOM.
1 LO ÚNICO	2 LO ÚNICO	3 LO ÚNICO	4 LO ÚNICO	5 LO ÚNICO	6	7 PLANIF.
8 LO ÚNICO	9 LO ÚNICO	10 LO ÚNICO	11	← 12 VACACIONES 13 →		14
15 LO ÚNICO	16 LO ÚNICO	17 LO ÚNICO	18 LO ÚNICO	19 LO ÚNICO	20	21 PLANIF.
22 LO ÚNICO	23 LO ÚNICO	24 LO ÚNICO	25 LO ÚNICO	26 LO ÚNICO	27	28 PLANIF.

Fig. 29. Tu calendario de programación del tiempo.

Para obtener resultados extraordinarios y experimentar esa grandeza, programa tu tiempo de estas tres maneras y en este orden:

1. Prográmate tiempo libre.
2. Prográmate tiempo para LO ÚNICO.
3. Prográmate tiempo para planificar.

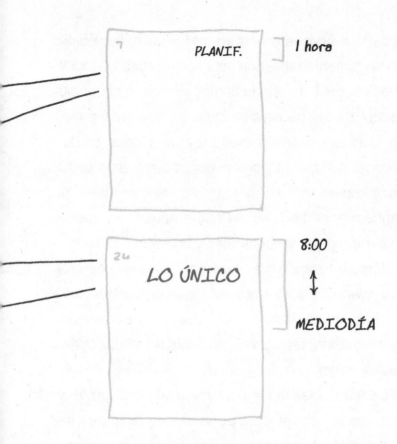

PLANIF.] I hora

8:00

LO ÚNICO ↕

MEDIODÍA

1. PROGRÁMATE TIEMPO LIBRE

Las personas que alcanzan un éxito extraordinario inauguran el año dedicando tiempo a planificar su tiempo libre. ¿Por qué? Saben que lo van a necesitar y que van a poder permitírselo. De hecho, los más exitosos consideran que lo que hacen es trabajar entre unas vacaciones y otras. Por otra parte, los que tienen menos éxito no se reservan tiempo libre, bien porque no creen merecerlo o porque no creen poder permitírselo. Si planificas tu tiempo libre con antelación estarás, a todos los efectos, gestionando tu tiempo dedicado al trabajo alrededor de tus pausas en lugar de hacerlo justo al revés. También estarás haciendo saber a todos los demás con antelación suficiente cuándo no vas a estar disponible para que así puedan organizarse mejor. Si pretendes tener éxito, tienes que empezar por reservarte tiempo para recargar pilas y recompensarte.

Tómate tiempo libre. Resérvate fines de semana largos y vacaciones, y después tómalos. Después estarás más descansado y más relajado y serás más productivo. Todo, incluido tú, necesita descansar para funcionar mejor.

Descansar es tan importante como trabajar. Hay unos cuantos ejemplos de personas de éxito que incumplen esta norma, pero no son el modelo que nos interesa. Triunfan *a pesar de* cómo descansan y se renuevan, no *gracias a* ello.

2. PROGRÁMATE TIEMPO PARA *LO ÚNICO*

Una vez que hayas programado tu tiempo libre, prográmate el tiempo necesario para *LO ÚNICO*. Sí, has oído bien: tu tarea más importante va en segundo lugar. ¿Por qué? Porque no puedes mantener un éxito constante en tu vida profesional si desatiendes tu tiempo personal y «re-creativo». Programa tu tiempo libre y después busca tiempo para LO ÚNICO.

Los individuos más productivos, aquellos que obtienen resultados extraordinarios, diseñan su jornada alrededor de la consecución de su idea. Su cita más importante de cada día es consigo mismos, y nunca dejan de acudir a ella. Si acaban antes del plazo que se habían programado, no necesariamente dan por finalizado su día. Emplean la pregunta esencial para averiguar qué uso darle al tiempo que les sobra.

De igual manera, cuando tienen una meta específica para LO ÚNICO, la cumplen, independientemente del tiempo que les cueste. En *Una geografía del tiempo*, Robert Levine señala que la mayoría de la gente opera en función de un tiempo «en punto» —«Son las cinco en punto. Nos vemos mañana»—, mientras que otros funcionan con un tiempo «por actividad» —«Acabaré el trabajo cuando lo acabe»—. Párate a pensarlo. El que cría vacas lecheras no cierra el changarro a determinada hora; se va a casa cuando ya ha ordeñado todas las vacas. Y lo mismo se puede aplicar a cualquier profesión en la que los resultados importen. La gente más productiva trabaja en función de la actividad. No lo dejan hasta que LO ÚNICO está hecho.

La clave para trabajar de este modo es programar el tiempo cada día cuanto más temprano mejor. Dedi-

> «*Día*. Periodo de veinticuatro horas, en su mayor parte desaprovechadas».
>
> *Ambrose Bierce*

ca de media hora a una hora a ocuparte de las prioridades matutinas y luego pasa a ocuparte de *LO ÚNICO*.

Mi recomendación es programar cuatro horas diarias. No, no es una errata. Repito: cuatro horas diarias. Sinceramente, eso es lo mínimo. Si puedes hacer más, hazlo.

En *Mientras escribo*, Stephen King describe así su método de trabajo: «En mi caso el horario está bastante claro. Dedico las mañanas a lo nuevo, la novela o cuento que tenga entre manos, y las tardes a la siesta y la correspondencia. La noche pertenece a la lectura y la familia, a los partidos televisados de los Red Sox y a las revisiones más urgentes. Por lo general, la escritura se concentra en las mañanas». Cuatro horas diarias pueden darte más miedo que las novelas de Stephen King, pero los resultados no admiten discusión alguna: Stephen King es uno de los escritores más prolíficos y de mayor éxito de nuestros tiempos.

Siempre que cuento esta historia aparece alguien que me dice: «Sí, perfecto, eso es fácil para Stephen King... ¡Es Stephen King!» A lo que me limito a contestar: «Creo que la pregunta que deberías hacerte es esta:

¿lo hace porque es Stephen King o es Stephen King porque lo hace?» Con eso termina la discusión.

Como muchos otros escritores de éxito, en los inicios de su carrera King tuvo que programarse sus horarios como pudo —por las mañanas, por las noches e incluso a la hora de comer— porque su trabajo no se adaptaba a la ambición que tenía en la vida. Una vez que empezaron a aparecer los resultados extraordinarios y pudo ganarse la vida con su idea, fue capaz de programarse el tiempo de una manera más soportable.

Hace poco, una ayudante ejecutiva de nuestro equipo inició una transición para programarse grandes bloques de tiempo para un proyecto. Al principio fue muy estresante. Siempre la estaban interrumpiendo. Sonaban las alertas del correo electrónico, pasaban de visita sus compañeros y los demás miembros del equipo no dejaban de hacerle peticiones que le quitaban tiempo. Todo eso ni siquiera eran distracciones, sino su propio trabajo. Al final, tuvo que pedir prestada una *laptop* y reservar una sala de reuniones para huir de los «visitantes inoportunos» y de tanta petición fortuita y no urgente. Pero al cabo de una semana todos se habían acostumbrado al hecho de que ella no estuviera disponible durante determinados periodos de tiempo. Se adaptaron. Les costó una semana. No un mes ni un año. Una semana. Se reprogramaron las reuniones y el mundo siguió rodando. Y ella experimentó un enorme incremento de su productividad.

Seas quien seas, programarte grandes bloques de tiempo funciona.

El ensayo *Maker's Schedule, Manager's Schedule* (El calendario del fabricante, el calendario del gestor), publicado por Paul Graham en 2009, subraya la necesidad de programar el tiempo en grandes bloques. Graham, uno de los fundadores de la empresa de capital riesgo Y Combinator, sostiene que la cultura empresarial habitual se interpone en el camino de la misma productividad que pretende conseguir debido a la manera que tradicionalmente tiene la gente de programar su tiempo (o la que les dejan).

Graham pone todos los trabajos en dos grandes sacos: el fabricante (el que hace o crea cosas) y el gestor (el que supervisa o dirige a los demás). El «tiempo del fabricante» exige grandes porciones de la esfera del reloj para programar, desarrollar ideas, generar contactos, reclutar personal, elaborar productos o ejecutar proyectos y planes. Estos bloques de tiempo suelen contabilizarse en incrementos de media jornada. El «tiempo del gestor», por otro lado, se contabiliza por horas. Este horario suele consistir en asistir a una reunión tras otra, y puesto que quienes supervisan o dirigen tienden a ser depositarios de poder y autoridad,

Sólo una cosa

«están en posición de hacer que todo el mundo baile a su son». Eso puede generar muchos conflictos si quienes necesitan tiempo de fabricante son arrastrados a reuniones a horas inapropiadas, lo que destruiría esos bloques de tiempo que necesitan para avanzar ellos y para que avance la propia empresa. Graham aplicó estos conocimientos para crear una cultura de empresa en Y Combinator, que ahora funciona íntegramente basada en «tiempo de fabricante». Todas las reuniones se agrupan al final de la jornada de trabajo.

Si quieres obtener resultados extraordinarios, sé fabricante por la mañana y gestor por la tarde. Tu lema es «la primera es la vencida». Pero, si no programas tiempo cada día para LO ÚNICO, nunca podrás hacer LO ÚNICO a la primera.

3. PROGRÁMATE TIEMPO PARA PLANIFICAR

La última prioridad que tienes que programar es el tiempo para planificar. Ahora es el momento de reflexionar sobre dónde estás y adónde quieres llegar. Si vas a planificar el año, prográmate el tiempo para hacerlo cuando el año esté lo suficientemente avanzado, a fin de tener una mejor idea de tu trayectoria, pero no tan avanzado como para que pierdas el impulso de salida para el año siguiente. Echa un vistazo a tus metas de algún día y a cinco años vista y evalúa el progreso que debes alcanzar durante el próximo año para seguir en esa dirección. Puedes incluso añadir nuevas metas, reformular metas antiguas o eliminar aquellas que ya no sirvan a tus propósitos o prioridades.

Resérvate una hora a la semana para revisar tus metas mensuales y anuales. En primer lugar, pregúntate qué tiene que pasar ese mes para que sigas apuntando a tus metas anuales. Después, pregúntate qué tiene que ocurrir esa semana para seguir el camino a tus metas mensuales. Básicamente, lo que te estás preguntando es: «Basándome en donde estoy ahora mismo, ¿qué es LO ÚNICO que tengo que hacer esta semana para no perder el camino hacia mi meta mensual y para que mi meta mensual apunte hacia mi meta anual?». Así estarás alineando tus fichas del dominó. Decide cuánto tiempo necesitas para conseguir esto y resérvate esa cantidad de tiempo en tu agenda. De hecho, podría decirse que, cuando te programas tiempo para planificar tu tiempo, en realidad estás programándote tiempo para programar tiempo. Piensa en ello.

En julio de 2007, el programador de software Brad Isaac reveló un secreto sobre la productividad que, según él, había obtenido del cómico Jerry Seinfeld. Antes de que Seinfeld se hiciese popular, pero cuando ya había hecho muchas giras por ahí, Isaac se dirigió a él durante una actuación con micrófono abierto en un club de comedia y le pidió consejo sobre cómo ser mejor cómico. Seinfeld le dijo que la clave estaba en escribir chistes (una pista: ¡esa era su idea única!) cada día. Y la manera que a él se le había ocurrido para hacerlo era colgar un enorme calendario en la pared y poner una gran X en cada día que hubiese cumplido con su tarea.

PROGRAMACIÓN DEL TIEMPO

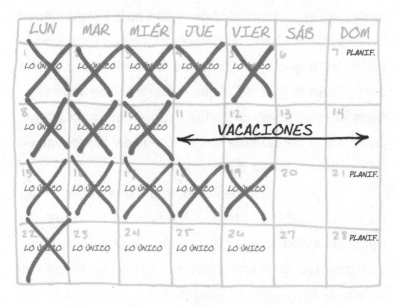

Fig. 30. ¡Cuantas más X, más resultados eXtraordinarios!

«A los pocos días, ya tienes una cadena», dijo Seinfeld. «Sigue haciéndolo y la cadena se irá alargando día a día. Te encantará ver esa cadena, sobre todo cuando lleves unas cuantas semanas a las espaldas. Lo único que tienes que hacer es no romper la cadena. No rompas la cadena».

Lo que me encanta del método de Seinfeld es que refleja todo lo que yo considero cierto. Es sencillo. Se basa en hacer LO ÚNICO y genera su propio impulso. Puedes mirar el calendario y pensar, agobiado: «¿Cómo voy a comprometerme a hacer esto durante todo un año?» Pero el sistema está diseñado para traerte tu meta más importante al ahora y centrarte así en marcar la siguiente X. Como dijo Walter Elliot: «La perseverancia no es una carrera de fondo, son muchas carreras cortas una detrás de otra». A medida que vayas corriendo estas carreras cortas y formando una cadena, cada vez te costará menos. El impulso y la motivación empezarán a tomar las riendas.

Hay algo mágico en derribar día tras día tus fichas de dominó más importantes. Lo único que tienes que hacer es evitar romper la cadena, día tras día, hasta que generes un nuevo y potente hábito en tu vida: el hábito de programar el tiempo.

Suena fácil, ¿verdad? Programar el tiempo lo es, siempre que luego lo protejas.

PROTEGE EL TIEMPO QUE HAS PROGRAMADO

Para que esos bloques de tiempo que has programado de verdad queden reservados, deberás protegerlos. Aunque programarte el tiempo no es difícil, sí lo es protegerlo. El mundo no sabe cuáles son tus propósitos o prioridades y no es responsable de ellos: tú lo eres. Así que te corresponde a ti proteger esos tiempos programados de todos aquellos que ignoran qué es lo que más te importa, y también de ti mismo cuando lo olvides.

La mejor manera de proteger el tiempo programado es mentalizarte de que son bloques de tiempo inamovibles. Así, cuando alguien trate de fijar una cita contigo para esos momentos, sólo tendrás que decirle: «Lo siento, pero ya tengo un compromiso a esa hora» y ofrecerle una alternativa. Si la otra persona se queda decepcionada, muéstrate comprensivo pero no cedas. Las personas dedicadas a obtener resultados extraordinarios —que son precisamente quienes más solicitado tienen su tiempo— hacen esto cada día. Mantienen su cita diaria más importante.

La parte más ardua es cómo lidiar con una petición que llega de las alturas. ¿Cómo decirle que no a alguien importante —a tu jefe, a un cliente relevante, a tu madre— que te pide que hagas algo con una urgencia acuciante? Una manera es decir que sí y luego preguntar: «¿Te sirve si lo tengo hecho para [un momento concreto del futuro]?» Muchas veces esas peticiones responden más a una necesidad inmediata de adjudicar la tarea en cuestión que a una necesidad real de que se lleve a cabo de inmediato, por lo que el solicitante sólo quiere saber con certeza que se va a realizar. Otras veces la petición de verdad tiene que realizarse al momento y deberás dejar lo que estés haciendo para llevarla a cabo. En esa situación, sigue la regla de «Si borras algo, lo recolocas» y reprograma de inmediato el tiempo que tenías reservado.

Y luego estás tú. Si ya estás agobiado de compromisos y de trabajo, puede parecerte sumamente complicado respetar un tiempo que te has programado. Puede resultarte difícil imaginar cómo vas a poder hacer todo lo demás cuando le asignas tanto tiempo a LO ÚNICO. La clave está en interiorizar completamente la caída en cascada de fichas de dominó que se producirá cuando tu LO ÚNICO esté hecho y en recordar que todas esas otras cosas que podrías hacer o tienes que hacer te resultarán más fáciles o innecesarias. Cuando empecé a programarme el tiempo, lo más eficaz que hice fue colgar un papel que decía: «¡Hasta que no esté hecho LO ÚNICO... todo lo demás es una distracción!». Pruébalo. Ponlo donde esté siempre a la vista para ti y también para los demás.

Luego convierte la frase en un mantra para ti y para decírsela a todo el mundo. Con el tiempo, los demás empezarán a comprender tu forma de trabajar a partir de ese principio. Ya lo verás.

La última cosa que puede dar al traste con tu tiempo programado es que no seas capaz de liberar tu mente. Día sí y día no, tu propia necesidad de hacer otras cosas en lugar de *LO ÚNICO* puede convertirse en el mayor escollo que tengas que salvar. La vida no se simplificará en cuanto hayas simplificado tu enfoque: siempre hay otras cosas que reclaman tu atención. Siempre. Así que cuando te vengan otras cosas a la cabeza, anótalas en una lista de tareas pendientes y vuelve a lo que estuvieses haciendo. Dicho de otro modo: haz un volcado de tu cerebro. Luego apártalo de tu vista y de tu mente hasta que llegue su momento.

En definitiva, son muchas las maneras de sabotear tu planificación del tiempo. A continuación tienes cuatro métodos solventes para que lidies con las distracciones y mantengas la atención puesta en *LO ÚNICO*.

1. **Constrúyete un búnker.** Busca un sitio donde trabajar que te aparte del camino de las interrupciones y las distracciones. Si tienes un despacho, hazte con un cartelito de «No molestar». Si las paredes son de vidrio, ponte unas persianas. Si trabajas en

un cubículo, pide permiso para colocar un biombo. Si no hay más remedio, vete a otro sitio. El inmortal Ernest Hemingway cumplía un estricto horario para escribir que empezaba cada mañana a las siete en su dormitorio. El escritor Dan Heath, mortal pero dotado de inmenso talento, «se compró una *laptop* vieja, borró todos los navegadores y, por si las moscas, eliminó también todos los drivers de red» y se iba a trabajar con su «máquina del año del caldo» a una cafetería para evitar distracciones. Sin necesidad de llegar a esos extremos, lo que puedes hacer es irte a una habitación vacía, cerrar la puerta y listo.

2. **Haz acopio de provisiones.** Ten a mano todos los útiles, materiales, provisiones y bebidas que puedas necesitar y evita salir de tu búnker salvo para ir al baño. Un simple paseo hasta la máquina de café de la oficina puede hacer descarrilar toda tu planificación si te topas con alguien que te pida que participes en la suya.

3. **Desactiva todas las minas.** Desconecta el teléfono, cierra el correo electrónico y sal de tu navegador de Internet. Tu tarea más importante merece el cien por ciento de tu atención.

4. **Búscate apoyos.** Avisa de lo que estás haciendo a aquellos que tengan más probabilidades de reclamarte y diles cuándo estarás disponible. Te sor-

prenderá la facilidad con la que los demás se adaptan cuando conocen el tema y saben cuándo te podrán tener disponible.

Si, por último, te debates entre poner en marcha o no esa programación del tiempo, emplea entonces la pregunta esencial para preguntarte: «¿Qué es *LO ÚNICO* que puedo hacer para proteger cada día mi tiempo programado y gracias a lo cual todo lo demás me resulte más fácil o innecesario?».

GRANDES IDEAS

1. **Relaciona propósito, prioridad y resultados.** Sólo podrás obtener resultados extraordinarios cuando el sitio adonde quieres llegar concuerda completamente con lo que haces hoy. Sácale partido a tu propósito y deja que sea éste el que dicte tus prioridades. Una vez que tengas claras tus prioridades, el único rumbo lógico es que te pongas a trabajar.

2. **Programa tiempo para *LO ÚNICO*.** La mejor manera para conseguir *LO ÚNICO* es programarte citas periódicas contigo mismo. Planifica el tiempo bien temprano por la mañana y resérvate bloques grandes: ¡no menos de cuatro horas! Míralo de este modo:

si el tiempo que te programas tuviese que ir a juicio, ¿contendría tu calendario suficientes pruebas para condenarte?

3. **Protege a toda costa el tiempo que te has reservado.** Programarte el tiempo sólo te funcionará si tu mantra es «Nada ni nadie tiene permiso para distraerme de LO ÚNICO». Por desgracia, tu determinación no impedirá que el resto del mundo intente distraerte, así que sé creativo cuando puedas y mantente firme cuando debas. El tiempo que te has programado es la reunión más importante del día, así que haz lo que haga falta para protegerlo.

La gente que logra resultados extraordinarios no lo hace por trabajar más horas. Lo logra haciendo más durante las horas en las que trabaja.

Programarse el tiempo es una cosa, programarlo de manera productiva es otra.

16

Los tres compromisos

Para obtener resultados extraordinarios mediante una buena programación del tiempo se necesitan tres compromisos. En primer lugar, debes adoptar la manera de pensar de quien busca la maestría. La maestría es el compromiso de convertirte en el mejor, de modo que para obtener resultados extraordinarios deberás asumir el esfuerzo extraordinario que eso representa. En segundo lugar, tendrás que buscar sin cesar las mejores maneras de hacer las cosas. Nada es más inútil que dar

> «Nadie que haya dado lo mejor de sí se ha arrepentido».
>
> *George Halas*

lo mejor de ti pero hacerlo mediante un sistema que no produzca unos resultados equiparables al esfuerzo que has invertido. Y, por último, debes estar dispuesto a asumir la responsabilidad de hacer todo lo posible por lograr tu idea única. Vive según estos compromisos y tendrás muchas posibilidades de experimentar lo extraordinario.

LOS TRES COMPROMISOS PARA REALIZAR TU IDEA ÚNICA

1. Sigue el camino a la maestría.
2. Avanza de E a P.
3. Asume el ciclo de la responsabilidad.

1. SIGUE EL CAMINO A LA MAESTRÍA

«Maestría» no es una palabra que se oiga mucho últimamente, pero sigue siendo tan vital como lo ha sido siempre para obtener resultados extraordinarios. Por muy intimidatoria que te parezca, cuando veas la maestría como un camino a seguir y no como un destino al que llegar empezará a parecerte más accesible y asequible. La mayoría asume que ser maestro en algo es un resultado, pero en esencia es una manera de pensar, una manera de actuar y un viaje que uno experimenta. Cuando lo que has escogido dominar es lo adecuado, entonces pretender llegar a ser maestro en ello hará que todo lo demás te resulte más fácil o innecesario. Por eso escogemos ser maestros en alguna materia.

La maestría desempeña un papel crucial en tu hilera de fichas de dominó.

En mi opinión, la manera positiva de ver la maestría es dar lo mejor de ti para convertirte en el mejor en tu tarea más importante. La senda es la del aprendiz que aprende y vuelve a aprender los fundamentos de algo a lo largo de un viaje sin fin de experiencia y pericia crecientes. Míralo de este modo: en determinado momento, los karatekas de cinturón blanco que se entrenan para progresar conocen los mismos movimientos básicos de kárate que los de cinturón negro, la diferencia es que los primeros no han practicado lo suficiente para ejecutarlos tan bien como los segundos. La creatividad que encontramos en el nivel de cinturón negro procede del dominio de los fundamentos que se aprenden en el nivel de cinturón blanco. Dado que siempre hay un nivel más alto que aprender, esa maestría o dominio significa en realidad que eres un maestro de lo que sabes y un aprendiz de lo que no sabes. Es decir, nos convertimos en maestros de lo que dejamos atrás y en aprendices de lo que tenemos por delante. Por eso la maestría es un viaje.

Se dice que cuando Alex Van Halen salía de noche, su hermano Eddie se quedaba sentado en la cama practicando con la guitarra y que, cuando horas después volvía a casa, Eddie seguía en el mismo sitio, todavía practicando. Así es el viaje de la maestría: nunca termina.

En 1993, el psicólogo K. Anders Ericsson publicó «The Role of Deliberate Practice in the Acquisition of Expert Performance» (El papel de la práctica deliberada en la adquisición de la pericia) en la revista *Psychological Review*. Como punto de referencia para entender la maestría, este artículo descarta la idea de que el virtuoso o experto es alguien *dotado,* con *talento natural* o incluso *un prodigio.* Ericsson básicamente nos proporcionó las primeras reflexiones sobre la maestría y acuñó la idea de la «regla de las diez mil horas». En sus investigaciones identificó un patrón común de práctica habitual y deliberada en el curso de los años por parte de los más destacados en su campo que los hizo ser lo que eran: la élite. En un estudio sobre violinistas de élite vio que se habían distinguido de todos los demás al acumular cada uno más de diez mil horas de práctica a la edad de veinte años. De ahí la regla. Muchos intérpretes de élite completan esa trayectoria en unos diez años, lo que significa que, si echamos las cuentas, sale a unas tres horas diarias de práctica deliberada, todos los días del año, los 365 días. Ahora bien, si LO ÚNICO está relacionado con el trabajo y le dedicas 250 días al año (5 días por semana durante 52 semanas), para no perder el ritmo de tu maestría deberás dedicar una media de cuatro horas diarias. ¿Te suena? No es un número al azar. Ese es el número de horas diarias que tienes que programarte cada día para LO ÚNICO.

Más que con cualquier otra cosa, la pericia está en relación con las horas invertidas. El renacentista Miguel Ángel dijo: «Si la gente supiera cuánto he tenido que trabajar para conseguir esta maestría, no les parecería todo tan maravilloso». Su argumento es obvio. Dedicar tiempo a una tarea acaba superando con el tiempo a cualquier talento. Te diría: «Apúntate eso», pero en realidad lo que deberías hacer es «programártelo».

Cuando te comprometas a reservar tiempo para LO ÚNICO, asegúrate de que lo afrontas con una mentalidad orientada a la maestría. Eso te dará más oportunidades de ser lo más productivo que puedas y, en definitiva, de convertirte en el mejor. Y esto es lo más interesante: cuanto más productivo seas, más probabilidades tendrás de obtener diversas recompensas que de otro modo te perderías. La búsqueda de la maestría trae consigo regalos.

A medida que avanzas por el camino de la maestría, tanto la confianza en ti mismo como tu competencia para el éxito se incrementarán. Harás un descubrimiento: la senda de la maestría no varía tanto de una búsqueda a otra. Lo que quizá te sorprenda agradablemente es ver que dedicarte a ser un maestro en LO ÚNICO te servirá de trampolín para hacer otras cosas y acelerará el proceso de hacerlas. El conocimiento engendra conocimiento y las habilidades desarrollan más habilidades. Eso hará que las futuras fichas de dominó caigan con más facilidad.

La maestría es una búsqueda que no deja nunca de aportar, porque es un camino sin fin. En su emblemática obra *Mastery*, George Leonard nos cuenta la historia de Jigoro Kano, el fundador del judo. Según dice la leyenda, cuando Kano vio acercarse a la muerte reunió a sus alumnos a su alrededor y les pidió que lo enterrasen con su cinturón blanco. Se entiende el simbolismo. El mayor experto en artes marciales de su disciplina optaba por el emblema del principiante para su vida y para el más allá, porque para él el viaje de aquel que aprende con éxito durante toda la vida nunca terminaba. Programarse el tiempo es esencial para la maestría, y la maestría es esencial para programarse el tiempo. Van de la mano: cuando haces lo uno, haces lo otro.

2. AVANZA DE E A P

Cuando asesoro a personalidades de cualquier campo, muchas veces les pregunto: «¿Esto lo haces sólo por hacer lo mejor que sabes hacer o lo haces para hacerlo lo mejor que se puede hacer?» Aunque no pretende ser una pregunta trampa, la gente se desconcierta igualmente. Muchos se dan cuenta de que, a pesar de estar poniendo todo su esfuerzo, no lo están haciendo lo mejor que se puede hacer, y eso es porque no tienen intención de cambiar lo que están haciendo. La senda que lleva a ser maestro en algo no sólo consiste en hacer ese algo lo mejor que uno puede, sino en hacerlo lo mejor que se puede hacer. No dejar de mejorar la manera de hacer algo es vital para sacar el máximo provecho al tiempo que has programado.

Se llama avanzar de E a P.

Cuando saltamos de la cama por la mañana y empezamos a afrontar la jornada, lo hacemos de una de estas dos maneras: de manera Emprendedora (E) o con un Propósito (P). La manera emprendedora es nuestro método más natural. Consiste en ver algo que queremos hacer o que tenemos que hacer y salir disparados a hacerlo con entusiasmo y energía y armados con nuestras habilidades naturales. Sea cual sea la tarea, toda habilidad natural tiene un alcance máximo, un nivel de productividad y de éxito que acaba por tocar techo. Aunque esto varía de una a otra persona, todo el mundo tiene un techo natural para todo. Dale a alguna gente un martillo y se convertirá en carpintero al instante. Dámelo a mí y verás lo torpe que soy. Dicho de otro modo, algunas personas son capaces de usar extremadamente bien un martillo de forma natural con un mínimo de instrucciones o de práctica, pero hay otros, como yo, que alcanzan su techo de éxito en cuanto tienen el martillo en la mano. Si el resultado de tu esfuerzo es aceptable sea cual sea el nivel de éxito que alcances, entonces congratúlate y sigue adelante. Pero, cuando estás dedicado a *LO ÚNICO*, tendrás que superar cualquier techo que pueda surgir, y eso exige una manera distinta de hacer las cosas: con un propósito.

Las personas sumamente productivas no aceptan las limitaciones de su método natural como si eso fuera la última palabra sobre su éxito. Cuando llegan a un techo de éxito buscan nuevos modelos y sistemas, mejores modos de hacer cosas que les empujen a través de ese techo. Se detienen el tiempo suficiente para valorar qué opciones tienen, escogen la mejor y vuelven a ponerse manos a la obra. Si le pides a un E que corte leña, seguramente esa persona emprendedora se echará el hacha al hombro y se dirigirá al bosque. La persona que tiene un propósito, en cambio, podría preguntar: «¿De dónde puedo sacar una motosierra?» Con una mentalidad P puedes emprender avances y lograr cosas que están mucho más allá de tus habilidades naturales. Lo único que tienes que hacer es estar dispuesto a hacer lo que haga falta.

No puedes ponerle límites a lo que vas a hacer. Tienes que estar abierto a nuevas ideas y a nuevas maneras de hacer las cosas si quieres avanzar en tu vida. A lo largo del camino de la maestría irás encontrando nuevos desafíos para hacer cosas nuevas. La persona que tiene un propósito sigue la sencilla norma de «un resultado distinto exige hacer algo distinto». Haz de esto tu mantra y se producirán esos avances.

Mucha gente llega a un nivel en el que su rendimiento es «suficientemente bueno» y entonces dejan de esforzarse en mejorar. Quienes siguen la senda de la maestría lo evitan subiendo continuamente el listón, desafiándose a atravesar su actual techo y siendo siempre aprendices.

Es lo que el escritor y campeón de la memoria Joshua Foer denominó «fase de meseta». Lo ilustró con la mecanografía. Si el tiempo dedicado a practicar fuese lo único importante, en el transcurso de nuestra vida profesional, con los millones de informes y correos electrónicos que escribimos, todos progresaríamos de teclear con dos dedos a escribir cien palabras por minuto. Pero eso no ocurre. Alcanzamos un nivel de habilidad que nos parece aceptable y después simplemente desconectamos el interruptor del aprendizaje. Vamos con el piloto automático puesto y llegamos a uno de los techos de éxito más habituales: la fase de meseta.

Cuando vas en busca de resultados extraordinarios, aceptar la fase de meseta o cualquier otro techo de éxito no sirve para lograr LO ÚNICO. Cuando quieres superar cualquier techo o meseta, sólo hay una manera de hacerlo: la manera P.

MÉTODO EMPRENDEDOR

«Hacer lo que se presenta de manera natural»

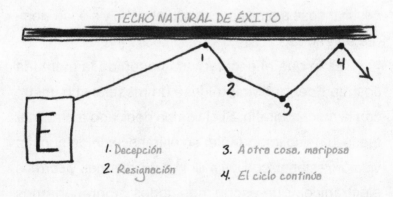

TECHO NATURAL DE ÉXITO

1. Decepción
2. Resignación
3. A otra cosa, mariposa
4. El ciclo continúa

Fig. 31. A la larga, la P gana siempre a la E.

Sólo una cosa

En el trabajo y en la vida, todos empezamos de manera emprendedora. Vamos en pos de algo con nuestro actual nivel de habilidad, energía, conocimiento y esfuerzo. Es decir, con todo lo que nos sale fácil. Abordar las cosas a la manera E es cómodo porque nos parece natural. Se trata de quiénes somos ahora y de cómo nos gusta hacer las cosas ahora.

Pero también nos limita.

Cuando nuestro único método es el E, ponemos límites artificiales a aquello que podemos conseguir y a aquella persona en la que podemos convertirnos.

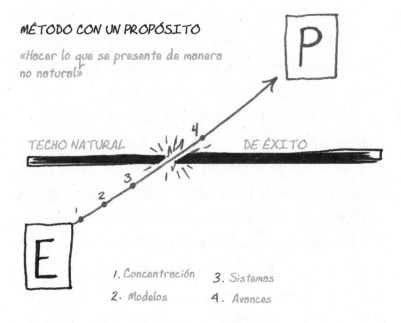

MÉTODO CON UN PROPÓSITO

«Hacer lo que se presente de manera no natural»

P

TECHO NATURAL   DE ÉXITO

4

3

2

1

E

1. Concentración   3. Sistemas
2. Modelos   4. Avances

Si afrontamos algo a la manera E y luego chocamos con un techo de éxito, nos limitamos a rebotar contra él una vez y otra y otra. Y seguimos haciéndolo hasta que ya no logramos soportar más la decepción, nos resignamos a que ese sea el único resultado que vamos a obtener y acabamos por buscar otras cosas que hacer en otra parte. Cuando nos parece que hemos sacado el máximo provecho a nuestro potencial en una situación, pensamos que empezar de nuevo es la forma de seguir adelante. El problema es que eso se convierte en un círculo vicioso y emprendemos la siguiente cosa nueva con entusiasmo, energía, habilidad natural y esfuerzo renovados hasta que volvemos a chocar contra otro techo y vuelven a aparecer la decepción y la resignación. Y entonces es cuando —lo has adivinado— decimos: «A otra cosa, mariposa».

Si aplicamos el método P a ese mismo techo las cosas serán distintas. Cuando tienes un propósito te preguntas: «Sigo empeñado en crecer, así que... ¿qué opciones tengo?» Después te formulas la pregunta esencial para reducir esas opciones hasta dar con lo que tienes que hacer acto seguido. Puede consistir en seguir un nuevo modelo, en emplear un nuevo sistema o en ambas cosas. Pero prepárate: para ponerlo en práctica tal vez necesites una nueva manera de pensar, nuevas habilidades e incluso nuevas relaciones. Lo más probable es que al principio nada de eso te parezca natural. No pasa nada. Muchas veces, tener un propósito consiste en afrontar lo que se presente de una manera «no natural», pero cuando estás empeñado en obtener resultados extraordinarios acabas haciendo lo que sea necesario igualmente.

Cuando lo has hecho lo mejor que has podido pero tienes la certeza de que los resultados no son los mejores que podían obtenerse, deja el método E y pasa al P. Busca otros modelos y sistemas mejores, otros métodos que te ayuden a ir más allá. Y luego adopta una nueva manera de pensar, adquiere nuevas habilidades y nuevas relaciones que te ayuden a ponerlas en funcionamiento. Ten un propósito para el tiempo que te has reservado y da rienda suelta a tu potencial.

3. ASUME EL CICLO DE LA RESPONSABILIDAD

Entre lo que haces y lo que obtienes existe una vinculación innegable. Las acciones determinan los resultados y los resultados alimentan las acciones. Si te haces responsable, este bucle te descubrirá qué cosas debes hacer para obtener resultados extraordinarios. Por eso tu último compromiso consiste en asumir el ciclo de la responsabilidad de los resultados.

Tomar total posesión de tus resultados al no hacer responsable de ellos a nadie salvo a ti mismo es lo más eficaz que puedes hacer para impulsar tu éxito. Probablemente la responsabilidad sea, de por sí, el más importante de los tres compromisos. Sin ella, tu periplo por la senda de la maestría quedará interrumpido en cuanto te topes con cualquier escollo. Sin ella, no serás capaz de averiguar cómo atravesar los techos de éxito con los que irás topándote por el camino. Quienes se responsabilizan asimilan los contratiempos y siguen avanzando. Quienes se responsabilizan perseveran pese a los problemas y siguen adelante. Quienes se responsabilizan se centran en los resultados y nunca optan por acciones, niveles de habilidad, sistemas ni relaciones que no les sirvan para hacer lo que quieren hacer. Ponen lo mejor de sí mismos, cueste lo que cueste, sin reservas.

Quienes se responsabilizan logran resultados con los que los demás sólo pueden soñar.

Cuando se trata de tu vida y ocurre algo, puedes adoptar el papel de autor o de víctima de ella. Esas dos son tus únicas opciones: ser responsable o no serlo. Esto puede sonar duro, pero es así. Todos los días escogemos una opción o la otra, y las consecuencias de ello nos acompañan para siempre.

La diferencia la puede ilustrar la historia de los directores de dos empresas competidoras que sufren

RESPONSABLE

SE PONE MANOS A LA OBRA	⑤	«¡Vamos allá!»
BUSCA UNA SOLUCIÓN	④	«¿Qué puedo hacer?»
HACE SUYO EL PROBLEMA	③	«¡Si va a ser así, será responsabilidad mía!»
RECONOCE LA REALIDAD	②	«La cosa está así»
BUSCA LA REALIDAD	①	«¿Qué está pasando aquí?»

OCURRE ALGO

EVITA LA REALIDAD	①	«No hace preguntas»
RECHAZA LA REALIDAD	②	«Yo, no lo veo así»
BUSCA CULPABLES	③	«¡Si todo el mundo hiciese su trabajo!»
ADUCE EXCUSAS PERSONALES	④	«No es mi trabajo»
ESPERA Y CONFÍA	⑤	«Si tiene que ocurrir, ocurrirá»

VÍCTIMA

Fig. 32. No seas una víctima: asume el ciclo de la responsabilidad.

un inesperado cambio en sus respectivos mercados: un mes tienen una interminable hilera de clientes haciendo cola en la puerta y al mes siguiente no aparece nadie. Lo que marca la diferencia es la manera de reaccionar a esto de los dos directores.

El director responsable enseguida pregunta: «¿Qué está pasando aquí?» Investiga con esmero aquello a lo que se enfrenta. El otro director se niega a reconocer lo que está ocurriendo: «Es algo pasajero, un problemilla, una anomalía». Se limita a tacharlo de «un mal mes». Entretanto, el director responsable, al descubrir que la competencia les está robando cuota de mercado, aprieta los dientes y dice: «De modo que la cosa está así, ¿eh?», y hace suyo el problema. «Si va a ser así, será responsabilidad mía», piensa. Estar dispuesto a afrontar la realidad con ganas le da una gran ventaja. Lo coloca en una posición en la que puede empezar a pensar sobre cómo hacer las cosas de manera distinta.

El otro director sigue rechazando la realidad. Opta por una visión alternativa y desvía la responsabilidad a otra parte. «Yo no lo veo así», argumenta. «¡Si el personal de la empresa hiciese su trabajo no tendríamos problemas como éste!»

El director responsable se pone a buscar soluciones. Y, lo que es más importante, asume que él mismo forma parte de la solución: «¿Qué puedo hacer?» En

cuanto da con la táctica adecuada, actúa. «Las circunstancias no van a cambiar solas», piensa, «así que ¡vamos
allá!» El otro director, después de culpar a todos los
demás, ahora se excusa. «No es mi trabajo», declara,
y opta por «esperar a que las cosas cambien a mejor».

Explicado de este modo, la diferencia es bastante evidente, ¿verdad? Uno trata activamente de hacerse cargo de su destino. El otro se limita a dejarse llevar
por la situación. Uno actúa de manera responsable, el
otro es una víctima. Uno hará que el resultado cambie,
el otro no.

Es cierto que «víctima» es una palabra dura. Ten
en cuenta que me limito a describir una actitud, no
a una persona. Aunque si se mantiene durante el tiempo suficiente, la actitud y la persona pueden convertirse en una misma cosa. Nadie nace siendo víctima; no
es más que una actitud o una estrategia. Pero si dejamos que persista, el ciclo se convierte en un hábito.
Y lo mismo ocurre al contrario. Cualquiera puede hacerse responsable en cualquier momento. Y cuanto más
optamos por asumir el ciclo de la responsabilidad,
más probabilidades tenemos de que se convierta en
nuestra respuesta automática ante cualquier adversidad.

Las personas de gran éxito tienen claro cuál es
su papel en los acontecimientos de la vida. No temen
a la realidad. La buscan, la reconocen y la hacen suya.

Saben que ese es el único modo de dar con nuevas soluciones, aplicarlas y experimentar una realidad diferente, por lo que asumen la responsabilidad y afrontan lo que sea. Ven los resultados como una información que pueden utilizar para plantear mejores acciones con las que obtener mejores resultados. Es un ciclo que comprenden y que utilizan para obtener resultados extraordinarios.

Una de las maneras más rápidas de incluir la responsabilidad en tu vida es encontrar un tutor o compañero de responsabilidad. La responsabilidad puedes reforzarla con la ayuda de un mentor, un colega o, en su forma más elevada, un *coach* o asesor. En cualquier caso, es vital que adquieras una relación de responsabilidad y que le des permiso a tu tutor para que sea claro y sincero contigo. Un tutor de responsabilidad no es un animador, aunque sí que puede animarte. Un tutor de responsabilidad te brinda un punto de vista franco y objetivo sobre lo que haces, alienta constantemente tus expectativas de un progreso productivo y puede servir de fuente de ideas vitales e incluso, cuando se necesita, de experiencia. Para mí, un *coach* o un mentor son la mejor opción como tutor de responsabilidad. Aunque un colega o un amigo pueden perfectamente ayudarte a ver cosas que tú no eres capaz de ver, la mejor visión sobre la responsabilidad te la proporcionará alguien para quien hayas acordado ser completamente responsable. Cuando la relación es de esa naturaleza se obtienen los mejores resultados.

Ya he mencionado antes la investigación de la doctora Gail Matthews por la que los individuos que habían anotado sus metas tenían un 39,5 por ciento más de posibilidades de tener éxito. Pero la historia no se queda ahí. Los individuos que pusieron sus metas por escrito y enviaron informes de sus progresos a sus amigos mostraron un 76,7 por ciento más de probabilidades de lograrlas. Por muy eficaz que pueda resultar que pongas tus metas por escrito, el hecho de rendir cuentas de los progresos que vas haciendo hacia esas metas con alguien de manera periódica, aunque sea un amigo, hace que seas casi el doble de eficaz.

Rendir cuentas funciona. La responsabilidad funciona.

La investigación de Ericsson sobre los intérpretes de élite confirma la misma relación entre interpretación de élite y mentoría o asesoría. Observó que «la diferencia más importante entre estos aficionados y los tres grupos de intérpretes de élite es que los futuros intérpretes de élite buscan el consejo de instructores y profesores y optan por una formación supervisada, mientras que los aficionados casi nunca optan por ese tipo de práctica».

Un tutor de responsabilidad tendrá un efecto positivo en tu productividad. Hará que sigas siendo sincero y no te desvíes. El hecho de saber que está esperando a que le informes de tus progresos puede suponerte un incentivo para lograr mejores resultados. Lo ideal es que un asesor te aconseje sobre cómo aprovechar al máximo tu rendimiento con el tiempo. Así es como los mejores se convierten en los mejores.

Esta mentoría o asesoramiento te ayudará en los tres compromisos para *LO ÚNICO*: en el camino a la maestría, cuando pases de E a P y cuando asumas el ciclo de la responsabilidad. De hecho, te costaría mucho encontrar a grandes triunfadores que no tengan asesores que les ayuden en los ámbitos clave de su vida.

Nunca es demasiado pronto ni demasiado tarde para buscar un asesor. Si te comprometes a obtener resultados extraordinarios verás que la figura del asesor te reportará grandes posibilidades de conseguirlos.

GRANDES IDEAS

1. **Comprométete a ser el mejor.** Los resultados extraordinarios sólo se consiguen cuando das lo mejor de ti para convertirte en el mejor en tu tarea más

importante. Ese es, en esencia, el camino a la maestría. Y, puesto que la maestría requiere su tiempo, hace falta un compromiso para conseguirla.

2. **Afronta tu** ÚNICA COSA **con un propósito.** Avanza de E a P. Ve en busca de los modelos y sistemas que te hagan avanzar lo más allá que puedas. No te conformes con lo que puedas hacer de forma natural: ábrete a nuevas maneras de pensar, nuevas habilidades y nuevas relaciones. Si el camino a la maestría es un compromiso para ser el mejor, tener un propósito es un compromiso para adoptar el mejor método posible.

3. **Haz tuyos tus resultados.** Si lo que quieres es obtener resultados extraordinarios, ser una víctima no te servirá de nada. Los cambios se producen únicamente cuando te haces responsable. Así que apártate del asiento del pasajero y opta siempre por sentarte en el sitio del conductor.

4. **Búscate un asesor.** Te costaría mucho encontrar a alguien que consiga resultados extraordinarios sin que nadie lo asesore.

Recuerda que no estamos hablando de resultados corrientes: vamos en busca de lo extraordinario. A la mayoría se le escapa esta clase de productividad, pero no tiene por qué ser así. Si te programas determinada cantidad de tiempo para tu máxima prioridad y después trabajas durante ese tiempo reservado con la mayor eficacia posible, lograrás la máxima productividad posible. Experimentarás el poder de *LO ÚNICO*.

Ahora sólo tienes que evitar que te roben.

17

Los cuatro ladrones

En 1973, un grupo de seminaristas participaron sin saberlo en un importante estudio que se conoce como «el experimento del buen samaritano». Aquellos estudiantes fueron reclutados y separados en dos grupos para ver qué factores influían en si optaban o no por ayudar a un desconocido en apuros. A unos les dijeron que iban a preparar una charla sobre los trabajos del seminario; a los otros, que iban a dar una charla sobre la «parábola del buen samaritano», una historia bíblica sobre ayudar a los necesitados. Dentro de cada grupo, a unos cuantos les decían que iban con retraso y que tenían que correr para llegar

> «Centrarse es cuestión de decidir qué cosas no vas a hacer».
>
> John Carmack

a su destino mientras que a otros les contaban que podían tomárselo con calma. Lo que no sabían los estudiantes era que los investigadores habían colocado a un hombre a mitad de camino tirado en el suelo, tosiendo y con toda la pinta de estar pasándolo mal.

Al final, menos de la mitad de los estudiantes se pararon a ayudar. Pero el factor decisivo no fue la tarea, sino el tiempo. El 90 por ciento de los estudiantes que iban con prisas no se detuvieron a prestar ayuda al desconocido. Unos cuantos llegaron a tropezar con él en su urgencia por llegar a donde se suponía que tenían que ir. ¡Por lo visto no importó que la mitad de ellos fueran en camino a dar una charla sobre ayudar a los necesitados!

Visto esto, si unos seminaristas tienen tanta facilidad para desviarse de su verdadera prioridad, ¿qué nos queda a los demás? ¿Rezar?

Naturalmente, nuestras mejores intenciones también pueden quedar truncadas. Así como hay seis mentiras que te confundirán y distraerán, existen también cuatro ladrones que pueden asaltarte y robarte la productividad. Y, puesto que no hay nadie ahí para protegerte, te corresponde a ti marcarles el alto a esos ladrones.

LOS CUATRO LADRONES DE LA PRODUCTIVIDAD

1. Incapacidad para decir que no.
2. Miedo al caos.

3. Hábitos poco saludables.

4. Un entorno poco propicio para lograr tus metas.

1. INCAPACIDAD PARA DECIR QUE NO

Alguien me dijo hace mucho que un sí debe ser defendido con el tiempo por mil noes. Al principio no entendí en absoluto qué significaba esto. Hoy me parece que es una afirmación muy sutil.

Una cosa es que te distraigas cuando estás intentando centrarte y otra muy distinta es que te secuestren antes de poder centrarte. La manera de proteger aquello a lo que has dicho que sí y de seguir siendo productivo es decir que no a cualquiera o cualquier cosa que pueda distraerte.

Los colegas vendrán a pedirte consejo y ayuda, los compañeros de oficina querrán que estés en su equipo, los amigos te pedirán ayuda y algún desconocido intentará localizarte. Te llegarán invitaciones e interrupciones de cualquier sitio imaginable. Cómo manejes todo ello determinará el tiempo que seas capaz de dedicar a *LO ÚNICO* y los resultados que finalmente seas capaz de obtener.

La cuestión es ésta: cuando dices que sí a algo, es indispensable que entiendas a qué estás diciendo que no. El guionista Sidney Howard, famoso por *Lo que el viento se llevó*, advertía: «La mitad de saber qué es lo que quieres consiste en saber a qué tienes que renunciar antes de conseguirlo». Al fin y al cabo, la mejor manera de tener un gran éxito es simplificar al máximo. Y cuando simplificas dices que no... a muchas cosas. A muchas más de las que nunca te hubieses planteado.

Nadie ha logrado simplificar mejor que Steve Jobs. Es sabido que estaba igual de orgulloso de todos aquellos productos que descartó que de los revolucionarios productos que acabó creando Apple. Después de su regreso en 1997, en dos años hizo que la empresa pasara de tener 350 productos a diez. Eso son 340 noes, sin contar todas las demás cosas que se propusieron durante ese periodo. En la MacWorld Developers Conference de 1997, explicó: «Cuando uno piensa sobre centrarse, cree: "Bueno, centrarse es decir que sí". ¡No! Centrarse es decir que no». Jobs perseguía resultados extraordinarios y sabía que sólo hay un camino para obtenerlos. Jobs era un hombre de decir que no.

El arte de decir que sí es, de manera inherente, el mismo arte que el de decir que no. Decir que sí a todo es lo mismo que decir que sí a nada.

Cada obligación añadida merma tu eficacia en cualquier cosa que emprendas. Así que, cuantas más cosas hagas, menos éxito tendrás en cualquiera de ellas. No puedes contentar a todo el mundo, así que no lo intentes. De hecho, si lo intentas, la persona a la que nunca contentarás es a ti mismo.

Recuerda que decir que sí a *LO ÚNICO* es tu máxima prioridad. Siempre que logres mantener esa perspectiva, deberías aceptar el hecho de decir que no a cualquier cosa que te impida respetar el tiempo que te has programado.

Y luego está el cómo hacerlo.

Todos nos resistimos en cierta medida a decir que no. Por muchas razones. Queremos ayudar, no queremos hacer daño, queremos ser atentos y considerados, no queremos parecer ariscos y fríos. Todo esto es muy comprensible. Que alguien te necesite es tremendamente satisfactorio, y ayudar a los demás puede ser profundamente gratificante. Centrarnos en nuestras metas y prescindir de otras, sobre todo de aquellas causas y personas que más valoramos, puede parecernos rotundamente egoísta y egocéntrico. Pero no tiene por qué serlo.

El experto en marketing Seth Godin dice: «Puedes decir que no con respeto, puedes decir que no de inmediato y puedes decir que no y proponer a alguien que podría decir que sí. Pero decir que sí sólo porque no eres capaz de soportar el dolor que a corto plazo supone decir que no nunca va a ayudarte con lo que tengas que hacer». Godin da en el clavo. Puedes guardarte el sí y decir que no de un modo que te sirva a ti y sirva a otros.

Claro que, cuando tengas que decir que no, puedes decirlo tal cual y listo. Eso no tiene nada de malo. De hecho, esa debería ser siempre tu primera opción. Pero si alguna vez te parece que tienes que decir que no de un modo que sea útil, hay muchas maneras de decirlo que pueden contribuir a que el otro avance hacia sus metas.

Puedes hacerle una pregunta que le dirija a buscar en otra parte la ayuda que necesita. Puedes sugerirle otra manera de abordar el tema que no requiera tu ayuda ni la de nadie. Quizá no se te ocurra qué otra cosa puede hacer, así que puedes ayudarle animándole a ser creativo. Puedes redirigir educadamente su petición a otros que puedan estar más dispuestos a ayudarle.

Pero si finalmente optas por decir que sí, tienes una variedad de maneras creativas de hacerlo. En otras palabras, puedes sacar partido de tus síes. Sin este tipo de estrategias no podrían existir los centros de información y atención al cliente. Se pueden usar guiones preimpresos, páginas o archivos de preguntas frecuentes, explicaciones escritas, instrucciones pregrabadas, información publicada, listas de verificación, catálogos, directorios y clases preprogramadas para decir que sí con eficacia sin alterar tu tiempo reservado. Yo empecé a hacerlo en mi primer trabajo de director de ventas. Aprovechaba las sesiones de formación para ir apuntando todas las preguntas frecuentes a medida que iban surgiendo y luego las imprimía o las grababa; con ellas creé un archivo de respuestas al que mi equipo podía recurrir siempre que yo no estuviera presente.

La mayor lección que he aprendido es que ayuda tener una filosofía y una estrategia para gestionar mi espacio. Con el tiempo he acabado desarrollando lo que yo llamo la «regla del metro». Si estiro del todo un brazo, del cuello a la punta de los dedos mide un metro. He logrado que mi misión para gestionar el tiempo sea poner un límite a qué y a quién dejo acercarse a una distancia de un metro de mí. La regla es sencilla: cualquier petición tiene que estar relacionada con mi ÚNICA COSA para que la tenga en cuenta. Si no lo está, digo que no o empleo alguna de las técnicas que he mencionado antes para desviarla hacia otra parte.

Aprender a decir que no tampoco es una receta para convertirse en un ermitaño. Más bien al revés. Es una manera de disfrutar de la máxima libertad y flexibilidad posible. Tu talento y tus aptitudes son recursos limitados. Tu tiempo es finito. Si tu vida no gira alrededor de aquello a lo que dices que sí, entonces casi con toda seguridad se convertirá en aquello a lo que pensabas decir que no.

En un artículo publicado en 1977 en la revista *Ebony*, el célebre y exitoso cómico Bill Cosby explicó a la perfección cuál era su ladrón de productividad. En los inicios de su carrera, Cosby leyó un consejo que siguió al pie de la letra: «No sé cuál es la clave del éxito, pero la clave del fracaso es tratar de contentar a todos». Ese es un consejo que vale la pena seguir a rajatabla. Si no eres capaz de decir mucho que no, nunca podrás decir que sí a conseguir tu idea única. Se trata literalmente de una cosa o la otra: tú eres quien decide.

Cuando le das a LO ÚNICO tu «¡sí!» más enfático y dices «¡no!» con firmeza a todo lo demás, se te abren las puertas a conseguir resultados extraordinarios.

2. MIEDO AL CAOS

Hay una cosa menos agradable que ocurre cuando uno va en pos de resultados extraordinarios: desorden, confusión, desorganización, alboroto. Cuando trabajamos sin descanso durante el tiempo que nos hemos programado, automáticamente se instala el desorden a nuestro alrededor.

Los barullos son inevitables cuando nos centramos en una sola cosa. Mientras tú te estás afanando en tu tarea más importante el mundo no se sienta a esperar. Sigue avanzando a toda prisa y las cosas se van acumulando y apilando mientras tú estás dedicado en exclusiva a una prioridad. Por desgracia, no hay botón de pausa o de parada. No puedes reproducir la vida a cámara lenta. Desear poder hacerlo sólo conseguirá que te sientas desgraciado y decepcionado.

Uno de los grandes ladrones de productividad es el rechazo a dejar que impere el caos o la falta de creatividad a la hora de lidiar con él.

Centrarte en *LO ÚNICO* garantiza una consecuencia: que dejas de hacer otras cosas. Ese es precisamente el tema, aunque no por ello nos sentimos automáticamente mejor al respecto. Siempre habrá gente y proyectos que sencillamente no formarán parte de nuestra exclusiva prioridad máxima pero que aun así nos importan. Notarás la presión que ejercen para que los atiendas. Siempre habrá trabajos sin acabar y cabos sueltos a tu alrededor para tender trampas a tu atención. El tiempo que te has reservado podrá parecerse a un sumergible: cuanto más al fondo te comprometas con *LO ÚNICO*, mayor será la presión para que subas a respirar y acometas todo aquello que has dejado en espera. Con el tiempo, te parecerá que hasta la más mínima vía de agua podría desencadenar que todo implosione.

Cuando esto sucede, cuando cedes a la presión de cualquier caos que has desatendido, puedes sentir un alivio total de la presión. Pero no es así cuando se trata de tu productividad.

¡Es un ladrón!

Lo cierto es que todo viene en el mismo paquete. Cuando te esmeras por lograr la grandeza, aparecerá el caos. Garantizado. De hecho, otros ámbitos de tu vida podrán experimentar un caos proporcional al tiempo que dediques a *LO ÚNICO*. Es importante que aceptes esta circunstancia en lugar de resistirte a ella. El oscarizado cineasta Francis Ford Coppola nos advierte que «Cualquier cosa que construyas a gran escala o con intensa pasión invita al caos». En resumen: acostúmbrate a ello y supéralo.

Ahora bien, en el trabajo o la vida de cualquiera hay cosas que no puede uno ignorar: familia, amigos, animales, compromisos personales o proyectos de trabajo vitales. En algún momento es po-

> «Si una mesa abarrotada es síntoma de una mente abarrotada, entonces ¿de qué es síntoma una mesa vacía?».
>
> *Albert Einstein*

sible que aparezcan varios de ellos, o todos, e intenten sacarte de tu tiempo reservado. No puedes renunciar a esas horas, eso está claro. Así que... ¿qué haces?

Me lo preguntan mucho. Cuando doy una clase ya sé que, en cuanto termine, van a empezar a aparecer manos en alto. «¿Qué hago si soy madre soltera con hijos?» «¿Y si tengo padres ancianos que dependen de mí todo el tiempo?» «Tengo obligaciones que son irrenunciables, así que: ¿qué hago?» Todas estas son preguntas obviamente razonables. Esto es lo que les digo.

Dependiendo de tu situación, el tiempo que te programes puede parecer al principio distinto del de los demás. Todos vivimos una situación que es única. Dependiendo del lugar de la vida en el que estés, es posible que no seas capaz de reservarte de inmediato todas las mañanas para ti. Puede que tengas un padre o un hijo a tu cargo. Puede que ese tiempo reservado tengas que pasarlo en un centro de atención de día, en una residencia, en una guardería o en algún otro sitio. Puede que tengas que pactar con otros para que protejan tu tiempo reservado y, a cambio, proteger tú el suyo. Puede que hasta tus hijos o tus padres te ayuden durante esas horas reservadas por el simple hecho de que deban estar contigo o porque tú necesites justo su apoyo.

Si tienes que suplicar, suplica. Si tienes que hacer algún trueque, hazlo. Si tienes que ser creativo, sé creativo. No sacrifiques el tiempo que te has reservado en el altar del «No soy capaz de hacerlo». Mi madre decía: «Cuando te escudas en tus limitaciones, te las quedas», pero esta es una limitación que no puedes permitirte. Resuélvelo. Busca una manera. Hazlo como sea.

Cuando te comprometes con *LO ÚNICO* cada día, acaban por producirse resultados extraordinarios. A la larga, esto te da la ventaja o la oportunidad de gestionar bien el caos. De modo que no dejes que este ladronzuelo te afane la productividad. Supera tu miedo al caos, aprende a lidiar con él y confía en que el trabajo que le dediques a *LO ÚNICO* acabará surtiéndote efecto.

3. HÁBITOS POCO SALUDABLES

Una vez me preguntaron: «Si no cuidas tu cuerpo, ¿dónde vas a vivir?» Era una pregunta de verdad. Llevaba un tiempo padeciendo los dolorosos efectos secundarios de una cistitis intersticial (ni preguntes) y sufriendo de temblores en las piernas, un debilitador efecto colateral de las estatinas que tomaba contra el colesterol. Mis capacidades funcionales se vieron mermadas, por no hablar de mi concentración, y el reto que representaba superar aquello se me hacía muy cuesta arriba. Mi médico me dio varias opciones y me preguntó qué quería hacer. La respuesta iba a cambiar mis hábitos de salud. Fue entonces cuando descubrí una de las mayores lecciones en cuanto a resultados extraordinarios:

La mala gestión de la energía personal es un ladrón silencioso de productividad.

Si no dejamos de vivir de prestado de nuestro futuro y protegemos mal nuestra energía, el predecible resultado consistirá en quedarnos poco a poco sin gasolina o en estamparnos contra algo y acabar quemándonos. Esto se ve todo el tiempo. Cuando la gente no comprende el poder de LO ÚNICO, trata de hacer demasiadas cosas; y como a la larga esto no funciona, acaba por hacer un mal negocio consigo misma. Va por el éxito sacrificando su salud. Trasnocha, se salta comidas o come mal e ignora por completo el ejercicio. La energía personal se convierte en algo en lo que apenas piensa: deja que la salud y la vida personal sufran y eso termina pareciendo algo aceptable. En su afán por llegar a sus metas, cree que engañarse a sí misma es una buena apuesta, pero se trata de una apuesta perdedora. No se trata sólo de que esta estrategia pueda entorpecer tu mejor tarea, sino que es peligroso asumir que la salud y la vida personal estarán esperando a que vuelvas para disfrutarlas cuando sea.

Los grandes logros y los resultados extraordinarios exigen mucha energía. El truco está en aprender cómo conseguirla y cómo conservarla.

Entonces, ¿qué puedes hacer? Mírate como la increíble máquina biológica que eres y opta por seguir el plan diario de energía que te propongo para lograr una elevada productividad. Empieza a primera hora meditando y orando para incrementar tu energía espiritual. Comenzar el día conectando con tu propósito más elevado sincroniza tu pensamiento y tus acciones con algo más grande. Después pasa directamente a la cocina para tomar la que es la comida más importante del día y piedra angular de la energía física: un desayuno nutritivo diseñado para darte fuerzas para la jornada de trabajo. No irás muy lejos si vas corto de calorías, y no podrás ir a ninguna parte si tienes el depósito vacío. Busca maneras fáciles de comer bien y después planifica tus comidas diarias semana por semana.

Una vez llenado el depósito, ve a hacer un rato de ejercicio para aliviar el estrés y fortalecer el cuerpo. Estar en forma te aporta una capacidad máxima, que es vital para lograr una productividad máxima. Si no dispones de mucho tiempo para ejercitarte, la mejor alternativa es que lleves un podómetro. Si al acabar el día no has caminado por lo menos diez mil pasos, haz que el ejercicio sea *LO ÚNICO*. Piensa en llegar a tu meta de los diez mil pasos antes de meterte en la cama. Ese hábito cambiará tu vida.

A continuación, si no has pasado tiempo con los tuyos a la hora del desayuno o mientras hacías ejercicio, ve en su busca. Abrázalos, hablen y rían. Eso te recordará por qué trabajas y te animará a ser lo más productivo que puedas para volver a casa más temprano. Las personas productivas se crecen con la energía emocional: les llena el corazón de alegría y les da alas a sus pies.

Después, toma tu agenda y planifica el día. Asegúrate de tener claro cuáles son las cosas más importantes y también las que vas a hacer. Estudia lo que tienes que hacer, valora el tiempo que necesitarás para hacerlo y planifícate el tiempo en función de eso. Saber lo que tienes que hacer y reservarte el tiempo necesario para hacerlo es la manera de poner en tu vida la energía mental más increíble. Organizar la jornada de este modo te libera de tener que preocuparte por aquello que no vas a hacer y a la vez te inspira para aquello que sí vas a hacer. Los resultados extraordinarios sólo tienen opción de aparecer cuando les reservas tiempo.

Cuando llegues al trabajo, ponte a trabajar en *LO ÚNICO*. Si eres como yo y tienes tus prioridades matutinas, encárgate de ellas primero, dedicándoles una hora como mucho. No pierdas el tiempo ni aminores el ritmo. Tacha de la lista lo que tengas que tachar y luego dedícate sólo a trabajar en lo que más importa. Alrededor de mediodía haz una pausa, almuerza y centra tu atención en todo aquello que puedas hacer antes de dar por concluida la jornada.

Para acabar el día, resérvate ocho horas para dormir por la noche. Los motores más potentes necesitan enfriarse y descansar antes de ponerse de nuevo en marcha, y tú no eres distinto. Necesitas tus horas de sueño a fin de que mente y cuerpo puedan descansar y reponer fuerzas para la extraordinaria productividad que te espera al día siguiente. Cualquier persona que conozcas que duerma poco y parezca no tener problemas es un bicho raro de la naturaleza o te está ocultando los efectos derivados de ello. Sea como sea, esas personas no son ningún modelo para ti. Protege tus horas de sueño estableciendo la hora a la que vas a acostarte cada noche y no te dejes tentar por nada que lo altere. Si tienes que levantarte por fuerza a una hora determinada, sólo podrás aguantar unas pocas noches acostándote tarde antes de verte obligado a acostarte más temprano. Si tu respuesta es que tienes demasiado trabajo que hacer, detente ahora mismo, vete al principio de este libro y vuelve a empezar. Eso es que te has perdido algo. Cuando hayas relacionado una dosis adecuada de sueño con el éxito verás que tienes una buena razón para levantarte y para acostarte a las horas apropiadas.

PLAN DE ENERGÍA PARA PERSONAS DE ALTA PRODUCTIVIDAD

1. Medita o reza para llenarte de energía espiritual.
2. Come bien, haz ejercicio y duerme el tiempo suficiente para recargarte de energía física.
3. Abraza, besa y ríete con los tuyos para reponer tu energía emocional.
4. Márcate metas, planifica y usa la agenda para optimizar tu energía mental.
5. Resérvale tiempo a LO ÚNICO para conservar tu energía emprendedora.

Este es el secreto de productividad de este plan: cuando dedicas las primeras horas del día a cargarte de energía, te hará falta muy poco esfuerzo adicional para impulsarte durante el resto del día. No te estás centrando en que todos tus días vayan a ser el día perfecto, sino en empezar cada día cargado de energía. Si eres sumamente productivo hasta mediodía, el resto de la jornada todo te saldrá mucho más fácil. Eso es energía positiva que genera un impulso positivo. Organizar las primeras horas del día es la vía más sencilla para obtener resultados extraordinarios.

4. UN ENTORNO POCO PROPICIO PARA LOGRAR TUS METAS

Un día, al principio de mi carrera, vino a clase una madre de dos adolescentes, se sentó y se echó a llorar delante de mí. Su familia le había dicho que la apoyarían en su nueva carrera siempre y cuando nada cambiara en casa. Ni las comidas, ni los trayectos en coche ni nada que tuviera que ver con su mundo podía verse alterado. Ella había accedido pero luego se dio cuenta del mal negocio que había hecho. Mientras la escuchaba, comprendí de repente de que estaba oyéndola hablar de un ladrón de productividad que casi todos pasamos por alto.

Tu entorno tiene que apoyarte en tus metas.

Tu entorno lo componen aquellos a quienes ves y aquello que experimentas cada día. Las personas que te son familiares, los lugares que te son cómodos. Confías en estos elementos de tu entorno y lo más probable es que incluso los subestimes. Pero ten cuidado: cualquiera y cualquier cosa puede convertirse en un ladrón en cualquier momento, distraer tu atención de tu tarea más importante y hurtarte tu productividad en tu cara. Si quieres lograr resultados extraordinarios, la gente que te rodea y tu entorno físico deben ser propicios para las metas que te hayas puesto.

Nadie vive ni trabaja en completo aislamiento. Cada día, en algún momento, entras en contacto con otras personas que te influyen. Estos individuos ejercen una innegable influencia en tu actitud, en tu salud y, en definitiva, en tu rendimiento.

La gente que te rodea puede ser más importante de lo que te parece. Es un hecho más que probable que acabarás asimilando ciertas actitudes de otras personas cuando trabajes, socialices o simplemente te relaciones de cualquier manera con ellas. Ya se trate de compañeros de trabajo o de familiares, si no son optimistas o están satisfechos en el trabajo o fuera de él, lo más probable es que te traspasen parte de su negatividad. La actitud es contagiosa y se propaga con facilidad. Por muy fuerte que creas ser, nadie es lo bastante fuerte para evitar todo el tiempo las influencias negativas. Por lo tanto, lo mejor que puedes hacer es rodearte de la gente adecuada. Mientras que los ladrones de actitud te robarán la energía, el esfuerzo y la determinación, las personas que te apoyen harán lo que puedan para animarte o ayudarte. Además, estar rodeado de personas con mentalidad orientada al éxito genera lo que los investigadores han dado en llamar una «espiral positiva de éxito» con la que te alientan y te empujan a seguir tu camino.

Fig. 33. Rodéate de un entorno orientado a la productividad que propicie y sustente *LO ÚNICO*.

Con quién te relaciones tiene también importantes consecuencias en tus hábitos de salud. El doctor Nicholas A. Christakis, profesor de Harvard, y James H. Fowler, profesor asociado de la Universidad de California, escribieron un libro sobre el inequívoco efecto que ejercen nuestras redes de relaciones sociales en nuestro bienestar. Su libro, *Conectados. El sorprendente poder de las redes sociales y cómo nos afectan*, establece la vinculación entre nuestras relaciones y la adicción a las drogas, la falta de sueño, el tabaco, la bebida, la comida e incluso la felicidad. Por ejemplo, el estudio que hicieron en 2007 sobre la obesidad reveló que si ninguno de tus amigos íntimos se vuelve obeso, tienes un 57 por ciento de posibilidades de que tampoco te pase a ti. ¿Por qué? Porque la gente a la que más solemos ver tiende a marcar nuestro criterio sobre lo que nos parece adecuado.

A la larga, empiezas a pensar, a actuar e incluso a parecerte un poco a aquellos con quienes te relacionas. Pero no sólo te influyen su actitud y sus hábitos de salud, sino también su éxito relativo. Si las personas con las que pasas tiempo son grandes triunfadores, sus logros pueden influir en los tuyos. Un estudio publicado en la revista de psicología *Social Development* muestra que de casi 500 escolares participantes con relaciones recíprocas de «mejor amigo», «los niños que entablan y conservan relaciones con alumnos de alto rendimiento experimentan mejoras en sus cuadernos de calificaciones». Y lo que es más, aquellos que tienen amigos con mejor rendimiento parecen «beneficiarse en lo relativo a sus creencias motivadoras y su rendimiento académico». Codearte con gente que busca el éxito reforzará tu motivación e incidirá positivamente en tu rendimiento.

Tu madre tenía razón cuando te advertía sobre las compañías con las que andabas. Tener en tu entorno a las personas erróneas puede ciertamente disuadirte, desanimarte y distraerte del rumbo de productividad que te has marcado. Pero también ocurre lo contrario. Nadie tiene éxito solo y nadie fracasa solo. Presta atención a la gente que te rodea. Busca a aquellos que propicien y sustenten tus metas y enséñale la puerta a quien no lo haga. Los individuos que tengas en tu vida te influirán y ejercerán su efecto en ti, seguramente más de lo que tú crees. Dale a cada uno lo que le corresponda y asegúrate de que el influjo que ejercen en ti te empuja en la dirección que pretendes seguir.

Si las personas son la primera prioridad a la hora de crear un entorno propicio, el espacio físico es lo segundo. Cuando tu entorno físico no se corresponde con tus metas, también puede impedirte que empieces a trabajar para conseguirlas.

Sé que esto puede sonar demasiado simplista, pero para tener éxito en LO ÚNICO tienes que ser ca-

> «Rodéate solo de gente que te impulse hacia arriba».
>
> Oprah Winfrey

paz de llegar hasta él, y tu entorno físico desempeña un rol vital en el hecho de que lo consigas o no. Un ambiente inadecuado puede impedirte que lo alcances. Si tu entorno está tan lleno de distracciones que antes de que puedas evitarlo te ves atrapado en algo en lo que no deberías, entonces nunca llegarás a donde quieres llegar. Míralo como si cada día tuvieras que caminar por un pasillo lleno de dulces cuando lo que pretendes es perder peso. Hay quien puede manejarse en situaciones así con facilidad, pero la mayoría seguro que probamos unos cuantos dulces por el camino.

Lo que te rodea o bien te animará a que aproveches el tiempo que te has programado o bien te apartará de ello. Esto empieza desde el mismo momento en que te levantas y continúa hasta que llegas al búnker que te has construido. Lo que ves y oyes desde que suena el despertador hasta el momento en el que empieza el bloque de tiempo que te has reservado determina rotundamente si vas a llegar allí, cuándo vas a llegar y si estás listo para ser productivo cuando llegues. Haz la prueba y verás. Recorre el camino que vas a seguir cada día y elimina todos los ladrones visuales y sonoros que encuentres. En mi caso, son cosas tan sencillas que hay en casa como el sonido de aviso de llegada de un correo electrónico, el periódico, los noticieros matutinos de la tele y los vecinos que sacan a pasear al perro. Todas ellas son cosas maravillosas, pero dejan de ser maravillosas cuando tengo una cita conmigo mismo para cumplir con LO ÚNICO. Así que desconecto el correo electrónico, nunca miro el periódico, dejo cerrado el mueble de la tele y escojo cuidadosamente la ruta que sigo con el coche. Ya en el trabajo, evito las conversaciones que suceden en torno a la cafetera comunitaria y los tableros informativos. Ya atenderé a todo eso más tarde. Lo que he aprendido es que cuando despejas el camino hacia el éxito es cuando acabas por llegar hasta él.

No dejes que tu entorno te lleve por el mal camino. El espacio que te rodea importa y la gente que te rodea importa. Tener un entorno que no propicie tus metas es de lo más habitual y, por desgracia, es también un ladrón de productividad muy habitual. Como la actriz y cómica Lily Tomlin dijo una vez: «La carretera al éxito está siempre en obras». Así que no permitas que te desvíen de obtener LO ÚNICO. Pavimenta tu trayecto con las personas y los espacios físicos adecuados.

GRANDES IDEAS

1. **Empieza a decir que no.** Recuerda siempre que, cuando dices que sí a algo, estás diciendo que no

a todo lo demás. En eso consiste mantener un compromiso. Empieza a rechazar otras peticiones diciendo «Ahora mismo, no» a las distracciones para que nada te impida alcanzar tu máxima prioridad. Aprender a decir que no puede liberarte y lo hará. Ésa es la manera de encontrar tiempo para LO ÚNICO.

2. **Acepta el caos.** Reconoce que ir en pos de LO ÚNICO implica poner otras cosas en segundo plano. Los cabos sueltos pueden convertirse en trampas que se interpongan en tu camino. Ese tipo de caos es inevitable. Haz las paces con él. Aprende a lidiar con él. El éxito que conlleva cumplir con LO ÚNICO te demostrará continuamente que has tomado la decisión correcta.

3. **Gestiona bien tu energía.** No sacrifiques tu salud por tratar de hacer demasiadas cosas. Tu cuerpo es una máquina asombrosa, pero no viene con garantía, no puedes cambiarlo y las reparaciones pueden salirte caras. Es importante que gestiones bien tu energía para que puedas hacer lo que tienes que hacer, conseguir lo que quieres conseguir y vivir la vida que quieres vivir.

4. **Toma posesión de tu entorno.** Asegúrate de que la gente que te rodea y los espacios por los que te mueves propicien que consigas tus metas. Si tienes en tu vida a las personas y los espacios físicos ade-

cuados, tu camino diario contribuirá a tu esfuerzo por alcanzar tu idea única. Cuando ambos factores están en sintonía con *LO ÚNICO*, te brindarán el optimismo y el impulso físico que necesitas para llevarlo a cabo.

El guionista Leo Rosten nos lo resumió todo a la perfección cuando dijo: «No puedo creer que el objetivo de la vida sea ser feliz. Creo que el objetivo de la vida consiste en ser útil, en ser responsable, en ser compasivo. Es, ante todo, importar, contar, apoyar algo, dejar huella de que has vivido». Vive con un propósito, vive con una prioridad y vive de manera productiva. Sigue estas tres reglas por el mismo motivo por el que te planteas los tres compromisos y evitas a los cuatro ladrones: porque quieres dejar tu impronta. Quieres que tu vida importe.

18

El viaje

Lo de «un paso detrás de otro» puede sonar trillado, pero no deja de ser cierto. No imopta cuál sea el objetivo, no importa cuál sea el destino: el viaje a cualquier cosa que desees siempre empieza con un simple paso.

Ese paso se llama LO ÚNICO.

Quiero que hagas algo, que cierres los ojos e imagines tu vida todo lo grande que seas capaz de imaginarla. Tan grande como nunca te has atrevido a soñarla, y más grande todavía. ¿La ves?

> «Para recorrer el camino más arduo sólo tenemos que dar un paso detrás de otro, pero sin dejar nunca de dar pasos».
>
> *Proverbio chino*

Ahora, abre los ojos y escúchame. Sea lo que sea lo que hayas visto, está en ti la capacidad de avanzar hacia ello. Y cuando aquello tras lo que vas es tan enorme como eres capaz de imaginar estarás viviendo la vida más grande que puedas vivir.

Vivir a lo grande es así de sencillo.

Permíteme que te muestre cómo hacerlo. Apunta tus ingresos actuales. Luego multiplícalos por cualquier número: 2, 4, 10, 20... Da igual cuál. Elige uno, multiplica tus ingresos por él y anota la cifra resultante. Observa esa cantidad y, omitiendo todo temor o toda emoción que te pueda causar, pregúntate: «¿Me llevarán mis acciones a conseguir esta cantidad en los próximos cinco años?». Si la respuesta es que sí, entonces duplica el número hasta que no lo sea. Si haces que tus acciones se correspondan con tu respuesta, estarás viviendo a lo grande.

Esto de los ingresos personales es sólo un ejemplo. Esta reflexión se puede aplicar a tu vida espiritual, a tu forma física, a tus relaciones personales, a tu carrera profesional, al éxito de tu empresa o a cualquier otra cosa que te importe. Cuando le quitas los límites a tu pensamiento expandes los límites de tu vida. Sólo cuando eres capaz de imaginar una vida mayor es cuando puedes aspirar a vivirla.

La dificultad estriba en que vivir una vida lo más grande posible no sólo te exige que pienses a lo grande, sino también que emprendas las acciones necesarias para lograr vivirla.

Para obtener resultados extraordinarios tienes que simplificar al máximo.

Reducir al máximo el ámbito de tu concentración simplifica tus pensamientos y concreta aquello que tienes que hacer. Independientemente de cuán a lo grande pienses, si sabes adónde te diriges y logras averiguar qué necesitas para llegar hasta allí, siempre descubrirás que todo empieza por simplificar. Hace unos años, me dio por plantar un manzano en el jardín. Resultó que no se puede comprar un árbol ya completamente crecido. La única opción que tenía era comprar uno pequeño, plantarlo y cuidarlo hasta que creciera. Ya podía pensar muy a lo grande, pero no me quedaba otra opción que empezar por lo pequeño. Eso hice, y cinco años después recogimos manzanas. Pero, como pensé tan a lo grande como pude, ¿sabes qué? Seguro que has acertado: no planté solamente uno. Y hoy tenemos todo un huerto de manzanos.

Así es tu vida. No viene ya completamente desarrollada. Te dan una vida pequeñita y la oportunidad de hacer que crezca... si tú quieres. Si piensas en pequeño, lo más probable es que tu vida se mantenga pequeña. Piensa en grande y tu vida tendrá posibilidades de hacerse grande. La decisión está en tus manos. Si optas por una vida grande, tendrás que empezar indefectiblemente por lo pequeño para lograrla. Deberás examinar tus elecciones, reducir tus opciones, establecer tus prioridades y dedicarte a las cosas que más importan. Tendrás que encontrar tu idea única, LO ÚNICO.

No existe ninguna cosa que sea segura e infalible, pero siempre hay algo, LO ÚNICO, que importa más que todas las demás. No digo que vaya a ser solamente una cosa para siempre, ni siquiera que tenga que ser la misma cosa. Digo que en cada momento determinado sólo puede haber una idea única, y cuando esta idea está en sintonía con tu propósito y se sitúa a la cabeza de tus prioridades, será lo más productivo que puedas hacer para empujarte a ser lo mejor que puedes ser.

Las acciones se fundamentan en acciones. Los hábitos, en otros hábitos. El éxito se fundamenta en el éxito. Una ficha del dominó derriba otra ficha y ésta, otra más. Así, cuando pretendas lograr resultados extraordinarios, busca esa acción decisiva que inicie la caída en cascada de tus fichas de dominó. Las grandes vidas siguen una poderosa ola de reacciones en cadena y se construyen de manera secuencial, lo que significa que cuando pretendes lograr el éxito no puedes saltártelo todo e ir directamente al final. No es así como funciona lo extraordinario. El conocimiento y el impulso que se van acumulando a medida que vives

LO ÚNICO cada día, cada semana, cada mes y cada año son lo que te brinda la capacidad de construir una vida extraordinaria.

> «Solo aquellos que se arriesguen a ir demasiado lejos lograrán descubrir hasta dónde pueden llegar».
>
> *T. S. Eliot*

Pero esto no ocurre por sí solo. Tienes que hacer que ocurra.

Una noche, un anciano *cherokee* le habló a su nieto de la gran batalla que se desencadena en el interior de todas las personas. Le dijo: «Hijo mío, la batalla la libran dos lobos que tenemos dentro. Uno es el miedo. Trae consigo ansiedad, preocupación, incertidumbre, titubeo, indecisión y pasividad. El otro es la fe. Éste trae consigo calma, convicción, confianza, entusiasmo, resolución, emoción y acción». El nieto reflexionó sobre aquello un momento y después le preguntó tímidamente a su abuelo: «¿Cuál de los dos lobos gana?» El viejo cherokee le contestó: «Aquel al que más alimentas».

Tu viaje hacia unos resultados extraordinarios se apoyará sobre todo en la fe. Sólo cuando tienes fe en tu propósito y tus prioridades puedes ir en busca de *LO ÚNICO*. Y, cuando tengas la certeza de saber cuál es, tendrás el poder personal necesario para superar cualquier titubeo a la hora de llevarlo a cabo. La fe siempre

> «Dentro de veinte años estarás más decepcionado por las cosas que no hiciste que por aquellas que sí hiciste. Así que suelta amarras. Navega lejos del puerto seguro. Atrapa los vientos alisios en tus velas. Explora. Sueña. Descubre».
>
> *Mark Twain*

acaba propiciando la acción, y cuando actuamos evitamos lo que más puede socavar o desbaratar todo aquello por lo que nos hemos esforzado: el arrepentimiento.

CONSEJO DE AMIGO

Por muy satisfactorio que sea el éxito, por muy gratificante que parezca el trayecto, existe una razón todavía mejor para levantarse cada día y actuar por *LO ÚNICO*. En el viaje que te lleva a vivir una vida que valga la pena, dar lo mejor de ti mismo en aquello que más importa no sólo te recompensa con éxitos y felicidad, sino con una cosa todavía más preciosa.

Que no te arrepientes.

Si pudieras volver atrás en el tiempo y hablar contigo a los dieciocho años o dar un salto hacia el futuro y visitarte con ochenta años, ¿de cuál de los dos te gustaría recibir consejo? Es una propuesta interesante. En mi caso, optaría por mi yo anciano. La visión retrospectiva que se tiene desde la popa del barco conlleva la sabiduría que da ver las cosas a través una lente más amplia y de mayor alcance.

¿Y qué diría entonces tu yo más anciano y sabio? «Vive la vida. Vívela plenamente, sin miedo. Vive con un propósito, entrégate del todo y nunca te rindas». El esfuerzo es importante, ya que sin él nunca podrás triunfar al máximo nivel. El éxito es importante, pues sin él nunca podrás experimentar tu verdadero potencial. Tener un objetivo es importante, porque a menos que lo tengas tal vez nunca encuentres una felicidad duradera. Sal al mundo con la confianza de que estas cosas son ciertas. Vive una vida que valga la pena vivir y en la que, al final, puedas decir «Me alegra haber hecho» en lugar de «Me habría gustado hacer».

¿Por qué pienso en esto? Porque hace muchos años me propuse comprender cómo podía ser una vida que valiese la pena vivir. Decidí salir al mundo a descubrir cómo podría ser. Fue un viaje que valió la pena. Visité a gente más vieja que yo, más sabia que yo y más exitosa que yo. Investigué, leí y pedí consejo. Busqué pistas y señales en todo tipo de fuentes creíbles que uno pueda imaginar. Y por fin llegué a un punto de vista muy sencillo: hay diversas maneras de medir una vida que vale la pena vivir, pero la que destaca por encima de todas las demás es vivir una vida sin arrepentimiento.

La vida es demasiado corta para dedicarnos a amontonar «podría» y «debería».

Me di cuenta de que esto era así cuando me pregunté quiénes podían ser las personas que viesen la vida con mayor claridad. Decidí que eran los que estaban más cerca del final de su vida. Si no es mala idea empezar algo teniendo en mente el final, entonces no hay otro final más definitivo que el propio final de la vida donde buscar pistas sobre cómo vivir. Me pregunté qué podrían decirme sobre cómo avanzar por la vida las personas a las que no les queda nada por hacer sino echar la vista atrás. Su testimonio colectivo resultó abrumador y la respuesta, clara: vive tu vida de tal modo que, cuando llegues al final, aquello de lo que te arrepientas sea mínimo.

¿De qué arrepentimiento hablamos? Hay muy pocos libros que me hayan hecho saltar alguna lágrima, y son muchos menos lo que me han hecho sacar el pañuelo para enjugarlas, pero no pude evitar ninguna de las dos cosas con el libro de Bronnie Ware *Los cinco mandamientos para tener una vida plena: ¿de qué no deberías arrepentirte nunca?*, publicado en 2012. Ware se pasó muchos años cuidando a gente que se enfrentaba a su propia muerte. Cuando preguntó a los moribundos si lamentaban algo o si habrían hecho alguna cosa de otro modo, Bronnie descubrió que afloraban una y otra vez los mismos temas. En orden descendente, los cinco más habituales eran: «Me habría gustado permitirme ser más feliz» —se dieron cuenta demasiado tarde de que la felicidad es una elección—, «Me habría gustado mantener el contacto con mis amigos» —no les dieron demasiado a menudo el tiempo y el esfuerzo que merecían—, «Me habría gustado tener el valor de expresar mis sentimientos» —demasiadas veces las bocas cerradas y los sentimientos reprimidos fueron una carga demasiado pesada—, «Me habría gustado no haber trabajado tanto» —demasiado tiempo dedicado a ganarse la vida les producía demasiados remordimientos—.

Por muy duros que fuesen estos arrepentimientos, hubo uno que destacaba por encima de estos cuatro. El motivo de arrepentimiento más común era: «Me habría gustado tener el valor de vivir una vida siendo fiel a mí mismo, no la vida que otros esperaban que viviera». Sueños a medio cumplir y esperanzas incumplidas: ese era el arrepentimiento número uno que expresaban quienes estaban cerca de la muerte. Como cuenta Ware: «La mayoría de la gente ni siquiera había satisfecho la mitad de sus sueños y tenían que morir sabiendo que eso se debía a decisiones que habían tomado o que no habían tomado».

Estas observaciones no son exclusivas de Bronnie Ware. Gilovich y Medvec, en las conclusiones de su exhaustivo estudio de 1994, escribieron: «Cuando las personas vuelven la vista atrás hacia su vida, son las cosas que no han hecho las que les generan el mayor arrepentimiento. [...] Las acciones de las personas pueden ser problemáticas en un inicio, pero son sus inacciones las que les generan sentimientos de arrepentimiento que los persiguen durante mucho tiempo».

Satisfacer nuestras esperanzas y aspirar a una vida productiva mediante la fe en nuestro propósito y en nuestras prioridades es el mensaje que nos llega de nuestros mayores. Desde la posición de mayor sabiduría que se puede tener nos lanzan su mensaje más claro.

No te arrepientas.

Así que asegúrate de hacer cada día lo que más importa. Cuando sabes qué es lo que más importa, todo lo demás cobra sentido. Cuando no sabes qué es lo que más importa, nada tiene sentido. Las mejores vidas no se viven de ese modo.

EL ÉXITO SALE DE DENTRO

Así pues, ¿cómo vivir una vida sin arrepentimiento? Del mismo modo en el que inicias tu viaje hacia unos resultados extraordinarios: con un propósito, con una prioridad y con productividad, sabiendo que puedes y debes evitar el arrepentimiento, poniendo LO ÚNICO en lo más alto de tus pensamientos y en lo más alto de tu calendario, con un simple paso que todos podemos dar.

Creo que la mejor manera de compartir esto es contando una historia.

Una noche, un muchacho saltó sobre el regazo de su padre y le susurró: «Papá, no pasamos suficiente tiempo juntos». El padre, que adoraba a su hijo con toda el alma, sabía en su fuero interno que aquello era verdad y le respondió: «Tienes razón, y lo siento mucho. Pero te prometo que te lo compensaré. Ya que mañana es sábado, ¿por qué no pasamos juntos el día entero? ¡Solos tú y yo!» El plan pintaba bien, y el niño se acostó aquella noche con una sonrisa en la cara, imaginando el día siguiente, emocionado por aquellas posibilidades de aventura con su papi.

La mañana siguiente, el padre se levantó más temprano de lo normal. Quería asegurarse de poder cumplir su habitual ritual del café con el periódico matutino antes de que se despertase su hijo, con las pilas cargadas y listo para la acción. Estaba ensimismado leyendo la sección de economía y se sobresaltó cuando su hijo apartó el periódico de un golpe y exclamó con entusiasmo: «¡Ya estoy despierto, papá! ¡Vamos a jugar!».

El padre, aunque encantado de ver a su hijo y emocionado ante la perspectiva de pasar el día con él, sintió una necesidad culpable de conseguir algo más de tiempo para concluir su rutina de cada mañana. Se estrujó el cerebro a toda velocidad y dio con una idea que prometía. Agarró a su hijo, le dio un fuerte abrazo y le anunció que su primer juego iba a ser hacer un rompecabezas; cuando lo hubiese terminado, «saldremos a la calle a jugar durante el resto del día».

Mientras leía el periódico había visto un anuncio a toda página con una imagen del planeta. Buscó aquella página, la rompió en pedacitos y los distribuyó encima de la mesa. Sacó un rollo de cinta adhesiva y le dijo a su hijo: «Quiero ver lo rápido que eres recomponiendo este rompecabezas». El niño se puso manos a la obra entusiasmado, mientras el padre, confiando en haber ganado algo de tiempo, volvió a sumergirse en la lectura del periódico.

En pocos minutos el niño volvió a saltar sobre el periódico de su padre y anunció con orgullo: «¡Papá, ya está!». El padre se quedó atónito: tenía delante

—entera, intacta y completa— la imagen del mundo, recompuesta tal y como estaba en aquel anuncio y sin que le faltara ni una sola pieza. Con una voz mezcla de orgullo paterno y asombro, el padre le preguntó: «¿Cómo rayos has hecho eso tan deprisa?»

El muchacho respondió, sonriente: «¡Muy fácil, papá! Al principio no me salía y empecé a rendirme porque me parecía muy difícil encajar las piezas. Pero entonces se me cayó una pieza al suelo y, al agacharme a cogerla, vi las piezas del rompecabezas desde debajo de la mesa de vidrio. Por la parte de atrás se veía la figura de un hombre. ¡Eso me dio una idea! Si el hombre encaja, el mundo también encajará».

La primera vez que escuché este relato yo era un adolescente y desde entonces no he podido quitármelo de la cabeza. Se ha convertido en una historia que me cuento a mí mismo continuamente, y ha pasado a ser un motivo recurrente y crucial en mi vida. Lo que me chocó no es el problema que parece tener el padre con el equilibrio de su vida, aunque obviamente eso también me impactó. Lo que se me quedó grabado fue la inspirada solución del hijo. El niño dio con un código más profundo: una manera de enfrentarse a la vida más sencilla y directa, un punto de partida para cualquier desafío profesional o personal al que debamos enfrentarnos, LO ÚNICO que todos tenemos que comprender si pretendemos conseguir resultados extraordinarios a nuestro máximo nivel. Algo indudable e incuestionable.

El éxito sale de dentro.

Encaja tus piezas y a su vez el mundo encajará. Cuando pones un propósito en tu vida, sabes cuáles son tus prioridades y logras una buena productividad en aquella prioridad que más importancia tiene cada día, tu vida cobra sentido y lo extraordinario se hace posible.

Todo éxito en la vida empieza en tu interior. Sabes qué tienes que hacer. Sabes cómo tienes que hacerlo. Tu próximo paso es muy sencillo.

Tú eres la primera ficha del dominó.

Pon en marcha tu idea única

¿Y ahora qué?

Has leído el libro. Ya lo tienes. Estás listo para obtener resultados extraordinarios en tu vida. ¿Y qué haces ahora? ¿Cómo te lanzas de lleno a LO ÚNICO con todas tus fuerzas? Repasemos lo esencial de este libro y busquemos las distintas maneras de poner en marcha LO ÚNICO ahora mismo.

En aras de la brevedad, he acortado la pregunta esencial, así que asegúrate de añadir «... y gracias a lo cual todo lo demás me resulte más fácil o innecesario?» al final de cada pregunta.

> «De nada sirve posponer».
>
> *William Shakespeare*

TU VIDA PERSONAL

Haz que *LO ÚNICO* aporte claridad a los ámbitos clave de tu vida. Aquí tienes unos ejemplos:

- ¿Qué es *LO ÚNICO* que puedo hacer esta semana para descubrir o reafirmar el propósito de mi vida...?
- ¿Qué es *LO ÚNICO* que puedo hacer en 90 días para lograr la forma física que quiero...?
- ¿Qué es *LO ÚNICO* que puedo hacer hoy para fortalecer mi fe espiritual...?
- ¿Qué es *LO ÚNICO* que puedo hacer para tener tiempo de practicar con la guitarra 20 minutos al día... / para rebajar en 5 golpes mi partido de golf en 90 días... / para aprender a pintar en seis meses...?

TU FAMILIA

Emplea *LO ÚNICO* con tu familia para pasarlo bien y vivir experiencias agradables. Aquí tienes unas cuantas opciones:

- ¿Qué es *LO ÚNICO* que podemos hacer esta semana para que mejore nuestro matrimonio...?

- ¿Qué es *LO ÚNICO* que podemos hacer cada semana para disfrutar de más tiempo y de mejor calidad en familia...?
- ¿Qué es *LO ÚNICO* que podemos hacer esta tarde para ayudar a nuestro hijo con las tareas escolares...?
- ¿Qué es *LO ÚNICO* que podemos hacer para que las próximas vacaciones sean las mejores que hayamos tenido... / para que la próxima Navidad sea la mejor... / para que la próxima Semana Santa sea la mejor...?

Por favor, ten en cuenta que estos son sólo ejemplos. Si se ajustan a tu vida, perfecto. Si no, utilízalos para que te animen a explorar y descubrir ámbitos de tu vida que te importen.

Y no olvides programarte el tiempo que necesites. Resérvate tiempo para asegurarte de que haces las cosas que importan y que dominas las actividades que importan. En determinados casos puede interesarte programar tiempo para buscar tu respuesta; otras veces sólo tendrás que reservártelo para ponerla en práctica.

Ahora pongámonos manos a la obra y veamos cómo puedes aprovechar el poder de *LO ÚNICO*.

TU TRABAJO

Pon en marcha *LO ÚNICO* para que tu vida profesional ascienda al siguiente nivel. Aquí tienes unas cuantas maneras de empezar:

- ¿Qué es *LO ÚNICO* que puedo hacer hoy para terminar cualquier proyecto antes del plazo...?
- ¿Qué es *LO ÚNICO* que puedo hacer este mes para hacer mejor el trabajo...?
- ¿Qué es *LO ÚNICO* que puedo hacer antes de la próxima evaluación de mis jefes para que me den un ascenso...?
- ¿Qué es *LO ÚNICO* que puedo hacer cada día para acabar el trabajo antes y llegar con tiempo a casa...?

TU EQUIPO DE TRABAJO

Sírvete de *LO ÚNICO* con tus compañeros de trabajo. Ya seas gerente, ejecutivo o propietario de una empresa, emplea la estrategia de *LO ÚNICO* en las situaciones laborales cotidianas para incrementar la productividad. Aquí tienes unas cuantas propuestas para que las consideres:

- En cualquier reunión, pregunta: ¿Qué es *LO ÚNICO* que podemos conseguir en esta reunión para acabar antes...?

- A la hora de formar tu equipo, pregunta: ¿Qué es *LO ÚNICO* que puedo hacer durante los próximos seis meses para encontrar y formar a gente de increíble talento...?

- Cuando planifiques el mes o el año siguiente, o los próximos cinco años, pregunta: ¿Qué es *LO ÚNICO* que podemos hacer ahora mismo para cumplir con nuestros objetivos antes de plazo y dentro del presupuesto...?

- En tu departamento o al más alto nivel de la empresa, pregunta: ¿Qué es *LO ÚNICO* que podemos hacer en los próximos 90 días para crear una cultura de *LO ÚNICO*...?

También en este caso se trata de meros ejemplos para que pienses en las muchas posibilidades que se te plantean. Igual que ocurre con tu vida personal, una vez que hayas decidido qué es lo que más importa, programarte el tiempo a nivel profesional se convierte en el mejor modo de asegurarte de hacer las cosas. En el trabajo, esto suele consistir en algún proyecto a corto plazo que tienes que realizar o en alguna actividad a largo plazo que te has comprometido a llevar a cabo repetidamente. No importa: programarte una cita contigo mismo es el camino más recto para garantizarte unos resultados extraordinarios.

Hablar de manera informal y abierta o hacer talleres internos sobre los conceptos clave de este libro puede ayudar mucho a que, en el trabajo, todo el mundo encuentre su manera de entenderlos y todos estén en sintonía.

Si para poner en marcha *LO ÚNICO* en algún ámbito ves necesario implicar a otros, plantéate proporcionarles un ejemplar del libro. Compartir tus experiencias reveladoras es un buen comienzo y puede que te sorprendan gratamente las reacciones y reflexiones que obtengas cuando los demás han tenido la ocasión de leer el libro.

Ten en cuenta que hace falta algo más que leer el libro y unas cuantas conversaciones o menciones en una reunión para que *LO ÚNICO* se convierta en un nuevo hábito en tu vida y en la vida de quienes te rodean. Tras haber leído el libro, ya sabes que hace falta una media de 66 días para consolidar un nuevo hábito, así que tenlo en cuenta. Para que tu vida adquiera una nueva profundidad, debes centrarte en *LO ÚNICO* durante el tiempo necesario para que este cale hondo en ti.

Hay otras áreas en las que *LO ÚNICO* puede hacer que las cosas cambien para mejor.

TU ONG

¿Qué es *LO ÚNICO* que podemos hacer para obtener fondos para nuestras necesidades financieras anuales... / para ayudar al doble de gente... / para duplicar el número de nuestros voluntarios...?

TU ESCUELA

¿Qué es *LO ÚNICO* que podemos hacer para reducir a cero el absentismo escolar... / para incrementar las notas de los exámenes en un 20 por ciento... / para incrementar el índice de graduados hasta el cien por ciento... / para duplicar la participación de los padres...?

TU LUGAR DE ORACIÓN

¿Qué es *LO ÚNICO* que podemos hacer para mejorar nuestra experiencia espiritual... / para duplicar el número de personas a las que llegamos... / para incrementar al máximo la asistencia... / para alcanzar nuestros objetivos de financiación...?

TU COMUNIDAD

¿Qué es *LO ÚNICO* que podemos hacer para mejorar nuestro sentido de comunidad... / para ayudar a los que están incapacitados para salir de casa... / para duplicar el voluntariado... / para duplicar el número de votantes...?

Después de que mi esposa Mary leyera el libro, le pedí que hiciera una cosa. Se volvió hacia mí y ¿sabes lo que me contestó? Me dijo: «Gary, ¡eso que me pides no es ahora mismo LO ÚNICO!» Nos echamos a reír, chocamos las manos y aquello que le había pedido tuve que hacerlo yo.

LO ÚNICO te obliga a pensar en grande, a organizar las cosas en forma de lista, a priorizar las cosas de la lista para que puedan sucederse en progresión geométrica y a insistir en la primera de esas cosas: LO ÚNICO, la primera ficha que, al derribarla, da inicio a la caída en cascada de tu hilera de fichas de dominó.

¡Prepárate para vivir una nueva vida! Y recuerda que el secreto para obtener unos resultados extraordinarios está en formularte una pregunta muy grande y concreta que te lleve a una respuesta muy pequeña y centrada en algo.

Si intentas hacerlo todo puedes acabar no haciendo nada. Si te limitas a hacer una sola cosa, LO ÚNICO que debes hacer, puedes acabar consiguiendo todo aquello que siempre quisiste.

LO ÚNICO es real. Si lo pones a funcionar, funcionará.

Así que no lo pospongas. Pregúntate: «¿Qué es LO ÚNICO que puedo hacer ahora mismo para empezar a aplicar *LO ÚNICO* en mi vida y gracias a lo cual todo lo demás me resulte más fácil o innecesario?»

¡Y que la respuesta a esa pregunta sea *LO ÚNICO*!

¡Adelante!

Sobre la investigación

Aunque ya llevo cierto tiempo aplicando en mi vida las enseñanzas de este libro, iniciamos la investigación para *SÓLO UNA COSA* a principios de 2008. Desde entonces hemos ido recopilando más de un millar de artículos de investigación, estudios científicos y trabajos académicos, así como centenares de artículos de periódicos y revistas y una buena biblioteca de libros escritos por los principales expertos de varios campos. Carpetas y más carpetas de descubrimientos, datos y anécdotas acabaron cubriendo prácticamente cada centímetro de nuestro espacio de trabajo.

Si te interesa profundizar más en lo que has aprendido en este libro, encontrarás una exhaustiva lista de nuestras referencias, organizadas por temas y capítulos, en la web **The1Thing.com.** Esta web es un portal a nuestra mente: mencionamos a los autores que nos han inspirado, proporcionamos enlaces a artículos que están disponibles en la red y damos una lista de los informes oficiales en los que hemos basado nuestras reflexiones. Hemos añadido asimismo información más trivial e incluso alguno que otro video divertido. Disfruta del viaje.

Agradecimientos

Cuando estábamos preparando este libro nos propusimos hacer todo lo posible por organizarlo siguiendo los principios de *LO ÚNICO*. La mayoría de los libros siguen las directrices de algún manual de estilo e incluyen páginas de portada, portadilla, créditos, críticas de prensa, biografía del autor, prólogos, dedicatorias y demás antes de llegar al índice de capítulos y al texto principal. ¿Y eso por qué?

Decidimos omitir todo eso. Pensando en el lector, tú, nos pareció que eso era *LO ÚNICO* que teníamos que hacer en cuanto al diseño del libro para mejorar tu experiencia lectora. En consecuencia, estos agradecimientos acabaron al final del libro. En realidad, si hubiera que reorganizar el libro en función de lo que más nos importa a los autores, esta parte podría haber estado perfectamente justo después de la portada.

Empezamos a esbozar el libro durante el verano de 2008 y entregamos el primer borrador completo a nuestro editor el 1 de junio de 2012. Un viaje de cuatro años por el que decididamente no habríamos podido navegar sin ayuda. Mucha ayuda.

Lo primero es la familia. Sin el amor y el apoyo de mi esposa Mary y de mi hijo John, este libro no sería lo que es. Mi coautor, Jay, está igualmente agradecido a Wendy y a sus dos hijos, Gus y Veronica, por sus ánimos y su amor. A las esposas, sobre todo unas esposas inteligentes y cultas como las nuestras, les toca el nunca suficientemente agradecido trabajo de leerse todos los borradores plagados de defectos y cargados de errores que un día acaban convirtiéndose en un libro terminado.

También nos beneficiamos de contar con un excelente equipo de apoyo. Vickie Lukachik y Kylah Magee nos proporcionaron tal cantidad de documentación que nos costó casi un año digerirla. Valerie Vogler-Stipe y Sarah Zimmerman llevaron a cabo su correspondiente idea única y mantuvieron despejados nuestro calendario y nuestra agenda para que pudiésemos centrarnos en el libro. El resto del equipo, Allison Odom, Barbara Sagnes, Mindy Hager, Liz Krakow, Lisa

Weathers, Denice Neason y Mitch Johnson, también se ocupó de *LO ÚNICO* para que nosotros pudiésemos ocuparnos de lo nuestro.

Mis socios y directivos de Keller Williams Realty aportaron sus ideas y su apoyo durante todo el proceso: Mo Anderson, Mark Willis, Mary Tennant, Chris Heller, John Davis, Tony Dicello, Dianna y Shon Kokoszka y Jim Talbot. ¡Gracias, chicos! ¡Son lo mejor! Nuestro equipo de marketing, dirigido por Ellen Marks, trabajó intensamente en el diseño del libro, incluidos todos los canales de difusión por los que te puedas haber enterado de su existencia: Annie Switt, Hiliary Kolb, Stephanie Van Hoek, Laura Price, los supertalentosos diseñadores Michael Balistreri y Caitlin McIntosh, así como Tamara Hurwitz, Jeff Ryder y Owen Gibbs, de nuestro equipo de producción, y el equipo de desarrollo web de Hunter Frazier y Veronica Diaz. Cary Sylvester, Mike Malinowski y Ben Mayfield se encargaron de coordinar todo lo referido a nuevas tecnologías dentro y fuera del despacho, con empresas colaboradoras como Feed Magnet y NVNTD. Anthony Azar, Tom Friedrich y Danny Thompson trabajaron sobre el terreno con nuestros proveedores y con nuestros asociados para asegurarse de que el libro llegase a cuantas manos fuese posible. Un agradecimiento especial para Kaitlin Merchant, de KW Researchm, y para Mona Covey, Julie Fantechi y Dawn Sroka, de KWU, por su trabajo previo y posterior a la publicación.

También tuvimos la suerte de trabajar con un editor que de verdad entiende *LO ÚNICO* y vive en función de ello, Ray Bard, de Bard Press. Reunió un equipo excelente que nos aconsejó, apoyó y animó mientras escribíamos y que más tarde, durante el proceso de edición, nos apretó al máximo para que quedase lo mejor posible. Nuestro amplio equipo editorial incluye a la directora editorial Sherry Sprague, al editor Jeff Morris, a los editores de producción Deborah Costenbader, Randy Miyake y Gary Hespenheide, de Hespenheide Design, al corrector Luke Torn y a la redactora de índices Linda Webster.

La publicista Barbara Henricks, de Cave Henricks Communications, y el experto en redes sociales Rusty Shelton, de Shelton Interactive, nos proporcionaron un primer estudio de las reacciones y dirigieron la campaña para los medios. También contamos con un grupo de lectores veteranos que, junto con miembros selectos de nuestro equipo, nos dieron su opinión sobre los primeros borradores: Jennifer Driscoll-Hollis, Spencer Gale, David Hathaway, Robert M. Hooper, Scott Provence, Cynthia Robbins, Robert Todd y Todd Sattersten.

Muchas gracias a los superatentos investigadores, profesores y autores que respondieron a nuestras preguntas sobre temas diversos: el doctor Roy Baumeister, eminente académico de la Facultad Francis Eppes de la Florida State University y director del departamento de Psicología Social; el doctor Myron P. Gutmann, director de Ciencias sociales, del comportamiento y económicas de la National Science Foundation; el doctor Eric Klinger, profesor emérito de Psicología en la Universidad de Minnesota, en Morris; el doctor Jonathan Levav, profesor asociado de Marketing de la Universidad de Stanford; Paul McFedries, autor de la singular web wordspy.com; el doctor David E. Meyer, profesor de Psicología del Cognition and Perception Program de la Universidad de Michigan y director del Brain, Cognition and Action Laboratory de esa misma universidad; la doctora Phyllis Moen, McKnight Presidential Chair en Sociología en la Universidad de Minnesota; Erica Mosner, de la Historical Studies-Social Science Library del Institute for Advanced Study; la superútil Rachel de la web de Bronnie Ware; Valoise Armstrong, de la Dwight D. Eisenhower Library; el doctor Ed Deiner, autor y profesor emérito del departamento de Psicología de la Universidad de Illinois; y James Cathcart, asesor sobre liderazgo en Franklin Covey. Va también nuestro agradecimiento para The Keller Center, de la Hankamer School of Business en la Universidad de Baylor, y para Casey Blaine por la investigación que realizó sobre la multitarea al principio de nuestro trabajo. Y, por último, sería una negligencia no dar las gracias a mi *coach* de negocios.

Para acabar, gracias a Bayne Henyon por sus reflexiones de hace tantos años, que cambiaron mi forma de ver las cosas y me hicieron afrontar el trabajo de una manera distinta.

¡Gracias a todos por todo!

SÓLO UNA COSA

QUE PUEDO HACER AHORA MISMO

Ahora que ya entiendes el concepto, ha llegado el momento de que pongas en marcha *LO ÚNICO* en tu vida. Visita **The1Thing.com** para empezar a pensar en simplificar y en centrarte en *LO ÚNICO* hoy mismo. Allí encontrarás información en inglés sobre nuestros seminarios y programas de formación, así como herramientas exclusivas del método de *LO ÚNICO*. Podrás también ver actualizaciones en tiempo real de otras personas que se han unido a este movimiento mundial y compartir tus experiencias sobre *LO ÚNICO*. Vive hoy mismo *LO ÚNICO*.